# Sagen und Geschichten aus dem Altkreis Kyritz

Alle Rechte an den Zeichnungen liegen bei Eugen und Constanze Gliege.

© 2008   Erste Auflage

Selbst Verlag

ISBN 978-3-00-023842-0

— Altkreis Kyritz —

# Sagen und Geschichten aus dem Altkreis Kyritz

Nacherzählt und gezeichnet von
Eugen Gliege

Selbst Verlag

— Altkreis Kyritz —

Liebe Leser, jeder Ort in der Prignitz und im Ruppiner Land hat eine interessante Geschichte, die von fleißigen Chronisten aufgeschrieben wurde. Aus diesen Sammlungen haben viele Ortschronisten uns die schönsten Geschichten aus den einzelnen Orten zur Verfügung gestellt, so daß wir sie illustrieren und in dieser Sagen- und Geschichtensammlung veröffentlichen konnten.

Für die liebenswürdige Unterstützung bedanken wir uns ganz herzlich bei:

Ernst Gulde in Barenthin,
Kurt Bengsch in Berlitt,
Dr. Johannes Wujanz in Blankenberg,
Rita Nitschke in Brüsenhagen,
Herbert Dickfeld in Bückwitz,
Inge Ewald in Damelack,
Helmut Widrat in Dannenwalde,
dem Museum in Demerthin,
Eckard Dürr und
Frau Heinz in Dessow,
Sigrid Rau in Döllen,
Ernst Wienecke in Dreetz,
Ralf Samson in Drewen,
Gerhard Böhm in Ganzer,
Ramona Fitzner in Gantikow,
Kerstin Leppin in Görike,
Monika Wentzel in Granzow,
Frau Pastorin Wolter in Gumtow,
Bodo Knaak in Hohenofen,
Karl Martin Ragnow in Holzhausen,
Hannedore Reichert in Kantow,
Ingeborg Maier in Kötzlin,
Sieglinde Sabionski in Kunow,
den Mitarbeitern der Stadtbibliothek in Kyritz,
der Märkischen Allgemeinen Zeitung in Kyritz,
Dieter Schreiber in Läsikow,
Barbara Burau in Metzelthin,
Christa Calließ in Nackel,
Wolfgang Benn in Neustadt a.d. Dosse,
Bruno Fell in Schönhagen,
Johannes Teetz in Schönermark,
Thomas Blühm in Sechzehneichen,
Heinz Müller in Stüdenitz,
Günther Lindemann in Teetz,
Bärbel Sietmann in Vehlin,
Waltraud Pfeiffer in Vehlow,
Susanne Geitz in Wulkow,
Gerhard Fenske und
Karl-Ernst Selke in Wusterhausen.

*Eugen und Constanze Gliege*

## Das Pollo-Lied

ERNST STADTKUS, REHFELD

Willst du dörch de Prignitz reisen, kumm mien Fründ, ick load die in.
Köp die'n Fohrkoart, un denn stieg'n wie in uns olle Kleinboahn rinn.
Schaffner winkt, un Pollo fläut denn „Tuut" un führt ok richtig aff.
Bergupp geiht man tämlich langsam, bergrunn geiht im schlanken Draw.

Joa - sönn Kleinboahnfohrt is lustig - wunnerschön un intressant,
Pollo schunkelt so gemütlich dörch uns schönet Prignitzland.
Funken flegen, un mit Vulldamp geiht daet ümm de Kurven rümm,
wenn de Schien'n uk bäwern, klappern, Pollo kippt trotzdaem nich ümm.

Stieg'n in Perleberg wie morgens, ielig in de Kleinboahn rinn,
kannt passieren, daet wie owends tämlich spät in Kyritz sinn.
Dörch de Felder, Wischen, Dannen föhrt uns Kleinboahn krüz un quer.
Wer keen Tied hätt, führt mit d' Foahrrad un mit Moped hinnerher.

Up de Kleinboahn, kann man seggen, häst du ok watt för dien Geld,
denn för dree Mark fiwuntwintig föhrst du dörch de halwe Welt.
Ob na Bullendörp, noa Schrepke, oder on noa Barenthin
ok noa Bärensprung un Düpe kümmst du mit de Kleinboahn henn.

Du kannst ut de Fenster kieken, sühst de Dörper un daet Lann.
Wenn du Dösst hest, kannst du drinken, wo een Krog is, höllt se an.
Sößtig johrlang führt de Kleinboahn, Dag för Dag dörch Prignitzland.
Wenn Een seggt: „Uns Pollo dückt nich", de hätt davon keen Verstand.

Pollo is een Stück von d' Prignitz, ohne emm wärt manchmoal schlicht,
un he deih t ok, hüt wie damols, treu un brav noch siene Pflicht.
So, mien Fründ, nu willn w' utstiegen, unse Fohrt is hier to Enn.
Willst du d' Prignitz moal besöken, kumm man mit den Pollo henn.

# Der Stegeknopmüller

In den Wiesengründen von Bantikow und Trieplatz, oberhalb der Stadt Wusterhausen, lag ehemals eine Wassermühle, die mit Tornow, Tramnitz und Rägelin von der Meierei Dünamünde bei Netzeband aus verwaltet wurde. In der Nähe dieser Wassermühle, die „Gnop" oder, wie es heute ausgesprochen wird, „Knop" hieß, führte der einzige Steg in der ganzen Umgegend über die Dosse, weshalb wohl später die Bezeichnung „Stegeknop" entstand.

Der Müller, den die Mönche auf die Mühle gesetzt hatten, war ein Schalk. Sobald er merkte, daß die Wusterhausener in ihrer Vierradmühle Malz zum Bierbrauen schroteten, setzte er die Schützen ein und hielt das Wasser zurück, so daß das Wasser in der Mühle zu Wusterhausen ablief und man nicht weiter mahlen konnte.

Bald kamen die Wusterhausener hinter des Müllers Schliche und bedrohten ihn mit Strafe. Der aber trieb seine Scherze weiter. Da zogen die Wusterhausener mit Hacken und Äxten die Dosse aufwärts und machten die Mühle dem Erdboden gleich bis auf die Stümpfe des Gerinnes, die noch heute im Bette der Dosse stecken. Den Müller aber ließen sie Urfehde schwören und siedelten ihn außerhalb der Stadtmauer Wusterhausens am Ausflusse des Rohrteichs an, wo er eine Zweiradmühle betreiben durfte. Hier konnte er den Bürgern von Wusterhausen keinen Schabernack mehr spielen.

## Bärensprung - Dannenwalde

# Wie Bärensprung zu seinem Namen kam

Wie auch Dannenwalde war Bärensprung schon lange vor seiner ersten urkundlichen Erwähnung besiedelt. Das Territorium des heutigen Bärensprung gehörte ursprünglich zur Feldmark von Gumtow. Die offizielle Geburtsurkunde von Bärensprung wurde erst am 1. April 1867 ausgestellt. Die Flüßchen Karthane und Jäglitz haben ihren Anfangspunkt im Dannenwalder Luch. Sie entspringen an der Wasserscheide im Luch. Die Jäglitz fließt gen Osten, die Karthane in die entgegengesetzte Richtung nach Westen.

Der Lehrer Karl Jahn, der in den 20er Jahren in Dannenwalde unterrichtete und später in Wusterhausen wirkte, hat zur Namensgebung für Bärensprung eine Sage aufgeschrieben:

Vor langen Zeiten war das Dannenwalder Luch ein großer See. Dieser See war von dichtem Urwald umstanden. Da kamen eines Tages mutige Siedler. Sie wollten den Urwald fällen, um seinen Boden in fruchtbares Ackerland zu verwandeln. Ihre notdürftigen Hütten schlugen sie dort auf, wo heute Bärensprung steht, denn hier sprudelte ein frischer Quell, der ihnen gutes Trinkwasser bot. Als die Männer eines Tages zur Quelle gingen, um Wasser zu schöpfen, fanden sie einen Bären darin, der wohl beim Trinken hineingefallen war. Sie erlegten den Bären und ließen sich den Braten gut schmecken. Aus seinem Fell machten sie sich einen schönen Pelz.

Oft noch erzählte man von dieser lustigen Bärenjagd. Als man später der kleinen Siedlung einen Namen geben wollte, erinnerte man sich an dieses Erlebnis und nannte den Ort Bärenspring, also Bärenquelle. Daraus ist dann Bärensprung geworden.

# Die Postmeilensteine zu Barsikow

Wer einmal nach Barsikow kommt, das etwas abseits von der Bundesstraße 5 im Altkreis Kyritz liegt, kann hier dicht nebeneinander zwei Denkmale der Verkehrsgeschichte betrachten. Unübersehbar stehen sie am ehemaligen Zugang zum Gutshof - zwei sehr gut erhaltene Meilensteine, die zur Zeit der Postkutsche ihren Platz an der Berlin-Hamburger Fernverkehrsstraße hatten. Noch gut ablesbar sind die Entfernungsangaben in Meilen nach Berlin, Friesack und Wusterhausen. Eine preußische Meile hatte eine Länge von genau 7532,48 m.

Meilensteine stehen auch heute noch an der Bundesstraße 5 in einem Abstand von 10 km. Der aufmerksame Benutzer dieser Strecke kann sie nicht übersehen. Seit Einführung des metrischen Systems in den 60er Jahren des 19. Jahrhunderts wurden sie umgesetzt. Die alten Meilenangaben wurden meist beseitigt oder mit Zement verputzt. Neue Kilometerbezeichnungen kamen auf die Steine. Einige wurden eingemeißelt, andere mit Farben aufgetragen.

Nach Abschaffung der Meile waren einige Steine überflüssig. Findige Barsikower haben das genutzt und haben die eigene Gemeinde bereichert. Heute rahmen die Postmeilensteine von Barsikow einen kleinen Parkplatz ein und gehören zu den Zierden des Dorfes. Sicher geschah das zur Freude aller, die Interesse für unsere Verkehrsgeschichte haben.

# Pollo, helau!

Barenthin ist ein Prignitzdorf wie viele andere und 670 Jahre alt. Eigentlich ohne Besonderheiten. Die kamen erst, als anno 1897 die fertiggestellte Kleinbahntrasse in Betrieb genommen wurde. Barenthins Dorfstraße zog sich in einer Länge von etwa einem Kilometer hin und hatte eine beträchtliche Breite. Sie bot also reichlich Platz für eine Kleinbahnstrecke. So baute man eben auf der rechten Seite, von Kyritz aus gesehen, diese Linie, die sich nun wie eine Straßenbahn durch das gesamte Dorf hinzog. Das war etwas Einmaliges, und auf eine solche Sache konnte kein anderes Dorf aus der Regien verweisen. Als Haltestelle oder auch als Bahnhof diente die Gastwirtschaft mitten im Ort gegenüber der Kirche. Hier konnte man die Fahrkarte erwerben und Expreßgut und anderes aufgeben.

Man konnte auch als Fahrgast, wenn der Zug lange genug hielt, ein Bierchen oder so trinken. Dafür, daß der Zug mitunter auf der Rückfahrt von Breddin nach Kyritz dort beträchtlich lange hielt, sorgte das Bahnpersonal. Am Ortsausgang in Richtung Breddin befand sich nämlich der Güterbahnhof mit einer Wasserentnahmestelle für die Dampflok. Für die Wasserauffüllung der Lok waren ungefähr 15 - 20 Minuten vorgesehen, und sie sollte auf der Rückfahrt von Breddin nach Kyritz geschehen. Das aber erledigten die Eisenbahner bereits auf der Hinfahrt und gewannen so Zeit für einen kleinen Plausch in der „Bahnhofsgaststätte". Durch diese Besonderheit, daß der Zug durch den Ort entlang der Dorfstraße fuhr, ergab sich nun, daß jeder Barenthiner die Eisenbahner und die Eisenbahner jeden Barenthiner kannten. Hier entspann sich ein ganz besonderes Verhältnis. Gab es in Barenthin eine Veranstaltung in der Gaststätte, wie Hochzeiten, Taufen oder auch Trauerfeiern, so wurde es zur Selbstverständlichkeit, daß für das Bahnpersonal ein Extratisch mit allem, was die Feier bot, eingedeckt wurde. Sie waren sozusagen an jeder Feier beteiligt und zählten zu den Ehrengästen. Da gab es kaum Ausnahmen. So entspann sich hier eine Freundschaft zwischen den Barenthinern und den Eisenbahnern, die wohl einzigartig ist. Sie endete erst, als am 31. Mai 1969 der Kleinbahnverkehr eingestellt wurde. Da trauerte ganz Barenthin, und noch heute hat der „POLLO", wie er im Volksmund liebevoll genannt wurde, einen sehr hohen Stellenwert im Gedächtnis der Bürger. Der Barenthiner Karneval-Verein führt in seinem Vereinsbanner eine Kleinbahnlok, und der Schlachtruf lautet „POLLO HELAU!" Das hat weiterhin Bestand, auch wenn es die Bahn in Barenthin nicht mehr gibt...

## Der Spuk am Kanal bei Bartschendorf

Von einer merkwürdigen Spukgeschichte berichtete ein Bewohner von Friesack in einer alten Zeitung:

Als meine Mutter einmal von Friesack nach Bartschendorf ging, kam, als sie am Kanal war, eine große schwarze Katze an. Sie lief ihr immer vor die Füße. Wenn meine Mutter schneller lief, lief die Katze auch schneller, wenn Mutter langsamer ging, lief auch die Katze langsam. Wenn nun meine Mutter still stand, stand die Katze auch still. Wenn Mutter aber ganz schnell lief, lief ihr die Katze immer vor die Füße, so daß sie gar nicht schnell laufen konnte. Als dann meine Mutter über die Brücke ging, war die Katze mit einem Male weg.

Am nächsten Tage war Mutter ganz krank; die Katze hatte sie wohl behext. Der Bauer aber hat gesagt, wenn sie die Katze vor der Grenze mit dem Fuße gestoßen hätte, dann wären viele Katzen gekommen und hätten sie abgewürgt.

## Eine Spukgeschichte aus Brunn

Meine Tante diente in Brunn bei Wusterhausen. Sie war abends zum Ball nach Wusterhausen gekommen. Der Ball war um vier Uhr vorbei. Da wollte meine Tante nach Hause gehen, nach Brunn. Meine Großmutter sagte zu ihr, sie möchte doch lieber da bleiben und bis sechs schlafen. Aber meine Tante sagte: „Ach, wenn ich so lange schlafe, dann verspäte ich mich." Sie ging um vier Uhr weg.

Als sie ein Viertel des Weges zurückgelegt hatte, stand da auf dem Wege ein großer Stein, der hatte allerlei Farben. Sie war nicht weit ab; je näher sie kam, desto größer wurde der Stein. Da sagte sie: „Ich hätte doch lieber nicht von zu Hause weggehen sollen, aber jetzt kehre ich nicht mehr um, sonst lachen sie mich zu Hause aus." Aber als sie vorbei wollte, war der ganze Weg versperrt. Da mußte sie wieder umkehren.

Als sie dann um sechs Uhr wieder den Weg ging, war er ganz frei.

## Berlitt

# Die Röwerkuhl bei Berlitt

Unmittelbar am Acker an der Barenthiner Grenze liegt die Röwerkuhl, die Räuberkuhle. Es war ein sehr tiefes Wasser, über welches eine Brücke führte. Ganz alte Leute behaupteten, dieselbe stünde unterirdisch mit einem großen Wasser in Verbindung. Um 1850, es war zur Sommerzeit, ging auch ein junger Mann zur Röwerkuhl, um zu baden. Leider ertrank er vor den Augen seiner Kameraden in dem kalten Strudel. Alte Leute erzählten, früher ging die Hauptverkehrs- und Handelsstraße Havelberg - Neustadt über die Röwerkuhl. Zu der damaligen Zeit war dieselbe bedeutend größer und mit viel Buschwerk im großen Wald gelegen, denn noch lange, lange hieß der Wald Havelberger-Holt, später dann auf plattdeutsch Rosendolch. Jetzt heißt er Rosenthaler Wald. Dieser Wald bot ein Versteck für Räuber und Wegelagerer. Dieselben hatten eine Klingel unter der Brücke angebracht. Fuhr nun ein Handelsmann oder Bauer mit seinem Fuhrwerk auf der Brücke, klingelte es, und die Räuber fielen nun über diesen Menschen her.

Wenn dieser nicht freiwillig alles hergab, schlug man ihn und nahm ihm alles ab. Es kam vor, daß er auch noch eingesperrt wurde.

Einige hundert Meter östlich von der Röwerkuhl liegt die Schopwesch, eine Schafwäsche.

In diesem Gelände war eine große Vertiefung, wo ständig Wasser stand. Der Rand war mit Gras bewachsen, und alljährlich im Frühjahr wurden dort die Schafe vom ganzen Dorf gewaschen.

# Vom Pfarrhaus in Berlitt

Nach dem ältesten Kirchenbuch in Berlitt gab es 1710 einen Pastor Schulze, die Pfarrstelle ging wiederholt bis 1802 vom Vater auf den Sohn über. Dann kam Pastor Hindenberg nach Berlitt und hatte 1815 das „Jahr des Heils" genannt. Nun galt es, im Schweiße des Angesichts und mit unermüdlichem Fleiß die Pflugschar durch die zerstampften Äcker zu ziehen und die zerstörten Wohnstätten wieder aufzubauen, die leeren Ställe wieder zu bevölkern und das Futter für das Vieh herbeizuschaffen. An einem schönen Spätsommertage heiratete Pastor Albert Hindenberg in Kumlosen an der Elbe Henriette Ketz, Tochter des dortigen Pastors. Es folgte eine kleine Feier, der Zeit angemessen. Am nächsten Morgen wurden die Pferde angespannt, die Koffer mit dem schönen selbstgesponnenen und gewebten Leinenzeug aufgeladen und ein etwas schwerer Abschied genommen. 12 Stunden währte die Fahrt. Mittags wurde in Glöwen eine kleine Ruhepause gemacht, und die Pferde wurden gewechselt, welche von Berlitt hierher entgegengeschickt waren. Im letzten Abendgold fuhren sie die Höhe hinab in das lieblich gelegene, von hohen Eichen und Linden umschattete Dörflein Berlitt. Das Pfarrhaus war niedrig und das hohe Strohdach war der jungen Frau ein ungewohnter Anblick. Aber in der Tür stand des Pfarrherrn Schwester Charlotte und begrüßte die Ankommenden. Im Jahre 1817 wurde den Pfarrersleuten ein liebliches Töchterlein geschenkt. Einige Jahre später, am 5. September 1823, dachte niemand im Pfarrhaus an Sorge und Leid, denn in der Morgenstunde hatte ein Knäblein, ein Stammhalter, das Licht der Welt erblickt. Clementinchen war jetzt 6 Jahre alt. Nachdem sie das kleine Brüderchen genügend bewundert hatte, ging sie von einem Haus zum anderen, um allen zu verkünden: „Ich hab' ein Brüderchen!" Draußen in der Wirtschaft war heute noch ein arbeitsvoller Tag gewesen, denn die Nachmaht war in diesem Jahr durch den immer wieder einsetzenden Regen sehr erschwert. Die Bauernweisheit „Das Heu im Juni macht die Sonne, aber die Nachmaht macht die Harke" hatte in diesem Jahr sich besonders bewahrheitet. Während Lamprecht, Kutscher und Faktotum des Pfarrhofes, noch mit Abladen beschäftigt war, trat der Pastor zu diesem heran, mit den Worten: „Aber Lamprecht, das Nötigste, unser schadhaftes Dach, hat er immer noch nicht ausgebessert"! „Jo, Herr Predjer, et jing jo nich eher, dat Heu mußte doch erst rin. Oberst morgen is et dat erste, dat ik rupkiettern due, un denn wird alles schenstens in Ordnung 'bracht."

## Vom Pfarrhaus in Berlitt

Noch am Abend fing der Regen wieder an zu strömen, die ganze Nacht hindurch. Und im Morgengrauen, o Schrecken! Da erwachte die Wöchnerin von einem furchtbaren Gepolter. Ihr Herz steht ihr still vor Entsetzen, denn gerade über der Wiege ihres Kindes ist ein Stück der Decke eingefallen und hat diese mit Kalk und Lehm bedeckt. „Ach, nun ist er doch tot!" ruft sie in wahrer Todesqual! Im nächsten Augenblick steht die alte, treue Dörte, welche bei der Wöchnerin gewacht hatte, an der Wiege, vorsichtig die herabgestürzten Stücke aufnehmend, und dann entringt sich ihr der Freudenschrei: „Ach, Frau Prädjer! Gott's Wunner! Da haben die Engelkes ihre Hände über unser Kind gehalten!" Nun hatte ein großes Stück vom Estrich sich wie ein Dach vom Kopfkissen bis zum Deckbettchen gerade über das Köpfchen des Kindes gelegt und es so vollständig geschützt, daß es nicht einmal in seinem Schlummer gestört worden war. Mit Tränen der Freude legte Dörte den Kleinen in die Arme der tiefbewegten Mutter.

Schreckensbleich kam der Pfarrer auf das vernommene Getöse in die Wochenstube, um da Gottes Wunder zu beschauen.

# Unglücksfälle in Berlitt

Der 2. Juli 1902 war ein sehr warmer Sonntag, man rüstete sich hier in Berlitt zum Gesangsfest. Alles war gut vorbereitet für die kommenden Gäste. Es herrschte schon Festtagsstimmung, als auf einmal um 12 Uhr Mittag die Kirchenglocke laut zu läuten begann. „Es stürmt!" riefen die Leute, und alles rannte auf die Straße. „Feuer, Feuer!" schrie alles. Und richtig, die alte rohrgedeckte Gutsscheune stand in hellen Flammen und war auf ungeklärte Weise in Brand geraten. Unglücklicherweise kam der Wind aus Norden und jagte das brennende Rohr über die Straße auf die andere Seite. Die Leute stiegen in aller Eile mit Leitern auf ihre rohrgedeckten Scheunen, andere pumpten Wasser in den Wassertrog, der damals unter jeder Pumpe stand, um das Vieh zu tränken. Es wurde eine Kette gebildet, und so flog der mit Wasser gefüllte lederne Feuereimer von Hand zu Hand bis hinauf aufs Dach, wo die Männer das sehr trockene Dach mit Wasser begossen. Es half aber alles nichts. Eine Bewohnerin berichtete: „Ich sehe es noch wie heute, wie ein brennendes Rohrbündel über unseren Hof hinweg und auf unsere Scheune flog und im Nu brannte. Wir können uns noch gut erinnern: Wie eine Katze lief das Feuer den Dachfirst entlang. Kurze Zeit darauf fiel der Dachstuhl in sich zusammen. Inzwischen waren auch die Feuerspritzen aus den anderen Dörfern angekommen, die Männer kämpften mit aller Macht gegen die Feuersbrunst, damit sich das Feuer nicht weiter ausbreiten sollte. Ein junger Mann, der die Spritze bediente, verbrannte sich den Arm. Bei unserem Nachbarn und den dritten Nachbarn brannten Stall und Scheune zugleich. Neben der Gutsscheune stand ein Haus mit Stall, worin der Gärtner Spangenberg mit seiner Familie wohnte. Sie saßen gerade am Tisch, um Mittag zu essen. Das Haus fing gleich Feuer. Sie eilten aus dem Haus und konnten nur ihr nacktes Leben retten. Ihr ganzes Hab und Gut wurde ein Raub der Flammen. Es war ein schrecklicher, nie vergessener Anblick. Die Rauchschwaden wälzten sich zum Himmel, das angebrannte Rohr flog mit dem starken Wind 25 Kilometer durch die Luft, bis in andere Dörfer, wo die Einwohner am Ende des Dorfes zusammenliefen und fragten, woher denn das komme, bis jemand erfahren hatte, daß ein Großfeuer in Berlitt wäre..."

## Unglücksfälle in Berlitt

Auf der Dorfstraße sah es sehr bös aus, alles stand und lag umher. Viele Häuser waren ausgeräumt, Wagen, Möbel, Wäsche, Haushaltsgegenstände, Schinken, Speck, Würste lagen durcheinander. Die Pferde standen angebunden auf der Straße, Schweine wurden getrieben. Es war ein fürchterliches Gewirr. Fremde Leute aus den benachbarten Dörfern kamen herbeigeeilt und haben tüchtig beim Ausräumen geholfen. Die Hitze war so groß, daß unsere Mutter sagte, wenn sie aus der Haustür trat, hätte sie ihre Hand auf den Kopf gelegt, aus Angst, daß ihr die Haare vom Kopf brennen.

Bei Nachbar Gabel stand der Schmiedemeister Ludwig Kampe. Er hielt den Giebel vom Wohnhaus mit der Feuerspritze naß, denn Scheune und Stall brannten auf dem Hof. In kurzen Abständen hingen sie ihm nasse Säcke über. Auf den Heuböden lagerte schon Vormaht für den Winter. Alles wurde ein Raub der Flammen.

Am Abend lagen die Gebäude, die vom Feuer erfaßt waren, in Schutt und Asche. Die Betroffenen waren nun ein Gutteil ärmer geworden. Ein jeder bangte um sein Hab und Gut und um das Ausgeräumte. Aber beim Einräumen fand sich alles - auch jede Kleinigkeit - wieder an.

Nachdem alles aufgeräumt war, begann man wieder mit dem Aufbau. Bauern aus umliegenden Dörfern kamen mit Pferdefuhrwerk und halfen, Stein und Holz heranzufahren."

In den Jahren um 1860 war ein junger Förster mit Namen Spangenberg in Berlitt, der dort zugleich Gärtner war. Er freundete sich mit der hiesigen Jugend an und war ein gerngesehener Dorfbewohner. Alte Leute erzählten, zwischen dem jungen Mädchen Marie Pein und dem jungen Spangenberg bestünde eine kleine Liebelei. Ob ihr die Sache über war und sie das Verhältnis lösen wollte, bleibt der Welt vorbehalten. Eines Morgens im April, so um 8 Uhr, ging Marie Pein mit ihrer Schwester den Melkensteig entlang durch den Park zur Arbeit. Da erschien plötzlich der junge Spangenberg. Er hatte sein Gewehr dabei und stellte sich der Marie Pein gegenüber mit den Worten: „Soll ich schießen?" Sie soll geantwortet haben: „Tue es doch!" Er legte an, der Schuß ging los, und sie brach zusammen und war tot. Beide hatte der Leichtsinn zu solcher Tat hingerissen, die der  Förster nachher sehr bereut hat. Geheult hat er wie ein Hund, und wie ein Irrer ist er im Park herumgelaufen, denn mit Absicht hatte er es nicht getan. Auch hatte er gedacht, das Gewehr wäre nicht geladen.

Auf dem Grabstein stand: Marie Pein starb infolge eines empfangenen Gewehrschusses im Jahre 1869.

# Wie der Name Wilhelmsgrille entstand

Zwischen dem Holzhausener und dem Schönermarker Weg, von Osten und Westen durch die alte Heerstraße Magdeburg-Stralsund begrenzt, lag südlich vom Dorfe Rehfeld im 18. Jahrhundert eine wüste, ca. 1000 Morgen große Parzelle. Um diese Zeit erschienen drei Reisige: Lebrecht und Wilhelm von Klitzing nebst einem Stallknecht, dessen Name unbekannt ist. Der Erstgenannte entstammte einer Nebenlinie der von Klitzings in Demerthin. Danach stand der Besitzergreifung jener wüsten Parzelle nur wenig im Wege, zumal die Demerthiner Klitzings die Kirchenpatrone von Rehfeld waren.

Die besagten drei Reisigen pflanzten als Erstes drei Linden, das sollte „drei Freunde" bedeuten. Eine von ihnen steht heute noch; ihres Alters wegen ist sie unter Naturschutz gestellt. Die drei Reisigen müssen sehr vermögend gewesen sein, denn sogleich begann das Bauen. Aus Steinen wurden ein schloßähnliches Gebäude und ein Pferdestall errichtet, welche allerdings nur mit Rohr abgedeckt waren. Es wurden Karpfenteiche angelegt und ausländische Bäume und Sträucher gepflanzt. Selbst der Weinberg, dicht am Schönermarker Weg gelegen, fehlte nicht. Auch ein Friedhof wurde angelegt. Überreste all dieser Anlagen sind noch heute vorhanden.

Wie nun die Überlieferung von Mund zu Mund besagt, brannten eines Tages die Gebäude bis auf die Grundmauern nieder. Beim Anblick dieses Brandes soll Wilhelm von Klitzing ausgerufen haben: „Wie mir das grillt!" („Grillt" bedeutet soviel wie „ärgert"). Hieraus soll der Name entstanden sein, der ursprünglich „Wilhelms Grille" geschrieben wurde.

# Es spukt in Wilhelmsgrille

Auch nach dem Tode der drei Reisigen, des Leberecht und des Wilhelm von Klitzing und ihres Stallknechtes, die einst im 18. Jahrhundert in Wilhelmsgrille ein lasterhaftes Leben geführt hatten, ließen ihre Geister sie nicht zur Ruhe kommen. Als schwarzer Hund mit roten Augen und im weißen Geistergewande spukten sie nun in der Abend- und Nachtzeit zwischen Gebüschen und Teichen, zwischen Friedhof und Weinberg umher. Wehe dem, der bei Dunkelheit über die Grille ging; er kam aufgeregt zu Hause an. Anders erging es demjenigen, der auf dem Schönermarker Weg zu später Nachtstunde an dem Weinberg vorüberging; er wurde so lange festgehalten, bis von irgendeinem Kirchturm die zwölf Glockenschläge ertönten, dann war der Bann gebrochen. Schweißgebadet fand er sich bei den Seinen daheim ein. Wehe aber denen, die des Nachts um die zwölfte Stunde mit Pferd  und Wagen am Weinberg vorüberfuhren: Der weiße Geist schwebte über der Höhe des Weinberges, der schwarze Hund mit den roten Augen sprang auf den Wagen, und die Pferde begannen zu rasen und verloren den sonst so bekannten Weg. Nicht selten gingen Pferd und Wagen entzwei. Häufig fand man auch am nächsten Tage das Pferd tot im Stalle liegen. Fraß ein Pferd oder ein anderes Tier von den Sträuchern, die in der Nähe des Weinberges wuchsen, krepierte es.
Allmählich legte sich der Geisterspuk, ein leises Gruseln aber blieb.
Der Geisterglaube lebte erst wieder auf, als vor ungefähr 120 Jahren ein Wirtschaftshaus gebaut und das abgebrannte erneuert wurden. Die Rehfelder Bauern trugen durch Geld und Abgabe von Acker zum Bau bei. Der neu eingesetzte Wirtschafter hieß Ollermann; er liegt auf dem Geisterfriedhof begraben. Von ihm wurde die Lindenallee gepflanzt.

# Aus der Schulchronik von Blankenberg

Im ehemaligen Land Wusterhausen, das zwischen Dosse und Temnitz und dem Rhin lag, wurde vor langer Zeit Blankenberg von deutschen Siedlern gegründet. In den ältesten Urkunden heißt der Ort „Blanchinberg". Im Dreißigjährigen Krieg wurde der Ort wüst, ist aber später als Gut von der Familie von Ahrends wieder aufgebaut worden. Gegen Ende des 17. Jahrhunderts wurde auch die Kirche wieder aufgebaut. Weil die Küsterstelle nicht besetzt war, bat der damalige Pfarrer um Zulage seines Einkommens, da er auch die Küstergeschäfte übernehmen müsse. Man bewilligte ihm hierfür weitere 6 Scheffel Roggen. Als im Jahre 1705 Herr Pastor Crüger in Blankenberg und Kantow angestellt wurde, bewog er den Herrn Obrist von Ahrends, einen Schulhalter anzustellen. Der Schulhalter erhielt außer der freien Wohnung als Schulgeld von jedem Kind, das lesen lernt, 6 Pfennig, und von jedem Kind, das schreiben und rechnen lernt, 1 Groschen. Zwar durfte der Schulmeister sich eine Kuh halten und sie mit auf die Weide treiben, doch das Heu für den Winter mußte er sich selbst beschaffen. Die 6 Scheffel Roggen, die für den Küster bestimmt waren, behielt jedoch der Pfarrer. Es war also bei dieser geringen Besoldung sehr schwer, jemand für das Schulamt zu gewinnen. Als nun 1735 ein „Bierfiedler" namens Friedrich Hutheloff als Schulmeister angestellt wurde, erregte das die Aufmerksamkeit der Schulinspektoren, da der König das „Bierfiedeln" den Schulmeistern untersagt hatte. Friedrich Hutheloff behielt aber sein Amt, weil er versprach, „das Bierfiedeln fahren zu lassen und die Jugend besser und gehörig zu erziehen." Obwohl der Pastor Crüger sich für Hutheloff eingesetzt hatte, bekam jener aber im Ort zu hören, daß ihm der Pastor seine zustehenden 6 Scheffel Roggen vorenthielt. Als nun der Pastor einmal den Schulhalter aufforderte, die Kirchentür zu schließen und andere zum Küsterdienst gehörende Handlungen zu verrichten, weigerte sich der Schulmeister, indem er meinte, daß er dann auch die  sechs Scheffel Roggen Küstergehalt zu beanspruchen hätte. Ja, es kam deshalb sogar zu Handgreiflichkeiten gegen den Pastor. „Einer namens Rücker lauerte einmal dem Herrn Pastor auf dem Kirchwege auf und wollte ihn bei den Ohren kriegen". Auch die nachfolgenden Schulmeister stritten sich mit dem Pfarrer. Dieser beharrte auf seinem Standpunkt und stützte sich dabei auf eine Abschrift der alten Matrikel von 1602, die er in der Lögower Registratur gefunden hatte und worin stand, daß der Prediger 26 Scheffel zu erhalten habe. Der Amtmann wies ihn aber darauf hin, „daß von einer fremden Hand betrügerischerweise aus einer 20 eine 26 gemacht worden sei." Somit erhielt endlich der Küster Scheffler 1756 die ihm zustehenden 6 Scheffel Roggen.

# Die Sage von der Kattenstiegmühle

Nördlich von Bork liegt der Kattenstiegsee; da geht ein Katzensteg vorbei. Wo der aufhört, da stand einst eine Mühle. Da wohnte ein Müller mit Frau und Tochter, die war sehr schön. Viele Müllergesellen warben um die Hand der Tochter. Aber nach der ersten Nacht in der Mühle waren schon 14 Müllergesellen gestorben, da kam als 15. einer, der war ganz dumm und hat sich vor nichts gegruselt. Er bat den Müller, daß er ihn annehmen möchte. Der Meister aber sagte: „Nein, ich kann dich nicht annehmen, denn jedesmal, wenn ich einen Gesellen hatte, fand ich ihn am nächsten Morgen tot im Mühlenraum." Aber der Geselle ließ mit Bitten um Einstellung nicht nach, und endlich nahm ihn der Müller in Dienst. Der Geselle wollte gerne dableiben, weil er schon so viel von der schönen Müllerstochter gehört hatte; er wollte sie gern heiraten.

Als der Geselle in der ersten Nacht mahlte, hörte er um Mitternacht ein lautes Geräusch. Plötzlich sah er 30 Katzen um sich stehen. Aber der Geselle war nicht so dumm, wie man gedacht hatte. Er hatte vorher rund um seinen Platz einen Kreis mit Kreide gezogen. Außerdem war in der Mühle ein Säbel, den nahm er nun in die Hand und ließ keine Katze in den Kreis hinein. Mit einem Male steckte eine Katze eine Pfote in den Kreis. Der Müllergeselle schlug zu und hieb ihr die eine Pfote ab. Da verschwanden alle Katzen, und die weitere Nacht verlief ruhig. Am nächsten Morgen kam der Müller und fragte den Gesellen, ob ihm nichts passiert sei. Der sagte: „Es kamen eine ganze Menge Katzen; einer schlug ich eine Pfote ab." Da sagte der Müller, der Geselle möchte mit runter kommen, zu seiner Frau. Die lag im Bette und ihr fehlte der eine Unterarm. Da zog der Geselle die abgehauene Katzenpfote hervor; da hatte er mit einem Male den fehlenden Unterarm der Frau in der Hand.

## Die Sage von der Kattenstiegmühle

In der nächsten Nacht zog der Geselle wieder einen Kreidekreis um sich. Da kam eine ganz kleine Katze, die stellte sich vor die Lampe des Gesellen und wurde größer und größer. Der Geselle sagte: „Laß mir auch ein bißchen Licht, sonst haue ich dir den Kopf ab!" Als die Katze den Kopf in den Kreis steckte, hieb ihr der Geselle den Kopf ab. Da war die Katze verschwunden. Als der Geselle am nächsten Morgen zur Müllersfrau kam, lag sie tot im Bette.

In der dritten Nacht kamen eine ganze Menge menschlicher Skelette. Da sagte der Müller: „Donnerwetterschock! Die Frau ist doch tot und es spukt immer noch; wenn es in der vierten Nacht auch noch spukt, dann ziehe ich fort." Da hörte er immer rufen: Komm aus deinem Kreis heraus, dann verprügeln wir dich ganz gewaltig!" Aber der Müller blieb in seinem Kreis. Als die Uhr eins schlug, war der Spuk verschwunden.

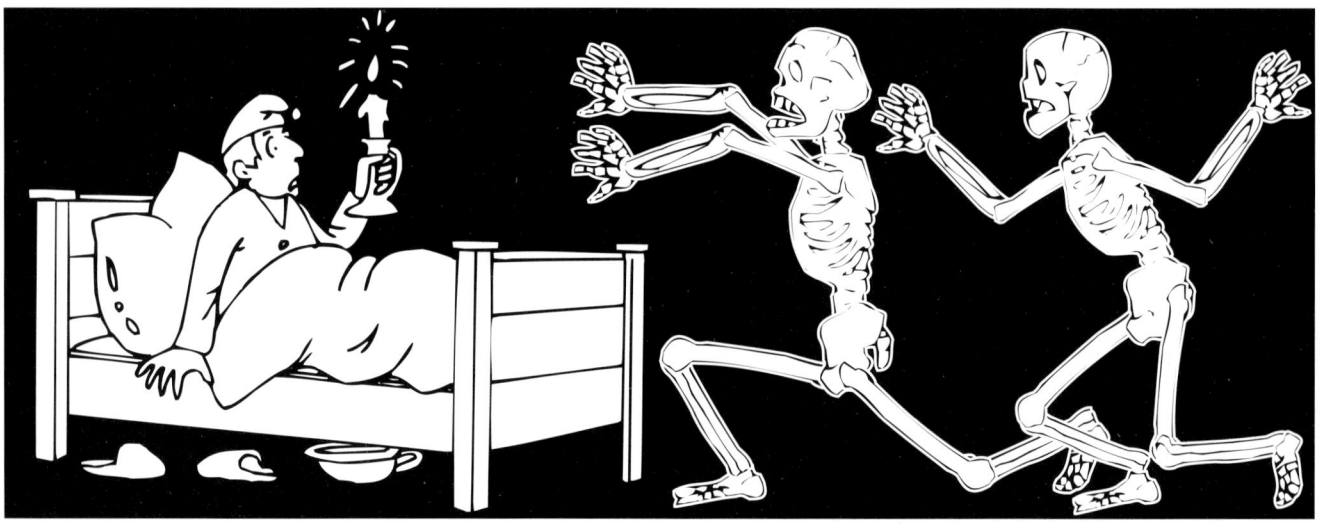

Am nächsten Tage wurde die Müllersfrau begraben. Nach dem Begräbnis bekam der Müllergeselle zum ersten Male die Müllerstochter zu sehen. Sie gewannen sich sehr lieb. Nach einem halben Jahre verheirateten sie sich. Nur eine schlechte Angewohnheit hatte der junge Ehemann; er schlief morgens immer sehr lange. Das erzählte die Müllerstochter ihrem Vater. Der sagte: „Das wollen wir schon kriegen." Er verkleidete sich und wollte dem Schwiegersohn Angst machen, aber der lachte ihn nur aus. Aber als er dann eines Morgens wieder so lange schlief, goß ihm seine junge Frau einen Topf eiskalten Wassers über den Leib. Da gruselte es ihm…

Breddin - Stüdenitz

# Ein Hexenprozeß in Breddin

In den Kapiteldörfern Breddin und Stüdenitz des Stiftes Havelberg fanden um 1600 mehrere Hexenprozesse statt. Am 4. Februar 1601 erschien der Bauer Achim Thiele aus Breddin vor den Kapitelherren in Havelberg und klagte die Schmiedsche, eine ältere Bauersfrau aus dem Dorf, der Zauberei an und wußte auch allerlei von ihrem gefährlichen Treiben zu berichten. Zunächst wollten die Kapitelherren nicht darauf eingehen. Als aber Unruhen im Dorf entstanden, weil eine Hexe ungestraft ihr Wesen treiben könne, mußte der Prozeß eröffnet werden. In der Anklageschrift wurde der Schmiedschen vorgeworfen, drei Mägdelein und den Sohn von Achim Thiele bezaubert und nicht weniger als acht seiner Pferde vergiftet zu haben. In der ersten Vernehmung am 26. März 1601 war ein Geständnis nicht zu erreichen. Thiele mußte neue Zeugen und Beweise vorbringen, doch dem Domkapitel gelang es nicht, Klarheit in die Sache zu bringen. Deshalb wurde nach Magdeburg geschrieben und um Belehrung gebeten. Auf Grund der magdeburgischen Rechtsbelehrung wurde die Schmiedsche gefänglich eingezogen und am 16. April 1601 gefoltert. Auch hierbei wurde ein Geständnis nicht erreicht, und die Frau mußte am 26. April 1601 freigesprochen werden.

Jetzt protestierten nicht nur die Breddiner, sondern auch die Stüdenitzer, daß man eine Hexe laufen lasse, und man verlangte, daß der Prozeß auf ihre Kosten beim Schöffenstuhl zu Helmstedt zu prüfen sei. Dieser entschied am 9. Mai auf Fortsetzung des Verfahrens.

Der alten Frau aber blieben weitere Qualen erspart, da sie am 10. Mai im Gefängnis verstarb. Der Sohn konnte die Leiche abholen und an einem „besonderen Ort" des Breddiner Friedhofs begraben.

Breddin - Wulkau

# Die Sage vom Roten Jungen

Alte Leute aus dem Elb-Havelwinkel und der Prignitz wissen oft noch etwas von dem „Roten Jungen" zu erzählen, der bei unseren Vorfahren als böser Geist galt. Noch heute ist diese Gestalt zum Beispiel in Wulkau und Breddin als „dar roje Jong" lebendig. Der Rote Junge war so lang wie ein „Binneboom" und sah mit einem hellen Schein aus dem Schornstein heraus. Wenn es in der Wirtschaft nicht so recht lief, meinten die Bauern, es müsse der „Draal", so wurde er auch bezeichnet, dort hausen.

Ein Bauer zum Beispiel hatte den Roten Jungen im Giebel seiner Scheune sitzen; dort ritt er immer auf einem Bund Stroh. Der Bauersfrau nahm er jeden Tag die Sahne von der Milch und trug sie anderen hin. Mitunter machte er nachts das Vieh im Stalle los, jagte es auf die Straße und trieb auch sonst noch allerlei Schabernack.

Aber er brachte nicht nur Böses. Es gab auch Leute in den Dörfern, denen er wohlgesonnen war. In solchen Fällen trug er ihnen allerlei an Gut und Geld ins Haus, so daß diese reich wurden.

Wenn der Besitzer eines Gehöfts, in dem sich der Rote Junge aufhielt, starb, so flog der Geist als ein feuriger Streifen zum Schornstein hinaus und zog in ein anderes Haus.

Damit er dem Vieh keinen Schaden zufügen konnte, nahm man das Zeug von einem Verstorbenen und hing es in den Ställen auf. Dann wurden sie vom „Draal" gemieden. Aber auch Holz vom Galgen - allerdings mußte man es, ohne ein Wort darüber zu verlieren, in der Neujahrsnacht holen und in den Wohnungen und Ställen verstecken - galt als sicheres Mittel gegen den bösen Geist.

Geheimnisvolle Sprüche, wie sie oft bei der Vertreibung anderer Geister halfen, hatten bei der Vertreibung des Roten Jungen keinerlei Wirkung.

# Das versunkene Schloß im Faulen See

Mitten im Wald, in der Nähe der Dörfer Breddin und Kümmernitz, befand sich einst eine durch Graben und Mauern geschützte Burg. Dort lebte ein Ritter mit seiner Tochter. Die Bauern der Umgebung lieferten ihnen, was sie zum Leben brauchten. Sonst aber ritten sie zu den benachbarten Burgen, nahmen an fröhlichen Kampfspielen teil oder hatten selbst Gäste auf ihrer Burg. Doch wurde dieses Leben plötzlich beendet. Der Vater stürzte vom Pferd und starb; tiefe Trauer erfüllte die Burg, und das Ritterfräulein lebte von nun an einsam und betrübt.

Die Kunde vom Tod des Burgherrn drang auch bis in die nördliche Prignitz, wo auf einer Burg zwei Brüder lebten. Der Jüngere der Brüder schickte Brautwerber zu dem schönen Burgfräulein, doch sie wurden abgewiesen. Der Ritter war als rauher Kriegsmann bekannt und der Schönen nicht sympathisch. Der abgewiesene Freier fühlte sich nun gekränkt und beschloß, das stolze Burgfräulein mit Gewalt zu entführen. Bald erschien er mit einem Heerhaufen vor der Burg und gab den Befehl zum Angriff. Er wurde aber zurückgeschlagen. Die Besitzerin hatte nämlich die Burg zur Verteidigung vorbereiten lassen. Mit großer Freude wurde der Sieg gefeiert.

Doch die Freude war nur kurz, denn erneut griff der Ritter die Burg an. Mit Sturmleitern wurden die Gräben überwunden, die Tore mit Gewalt geöffnet, und die Angreifer strömten in den Burghof. Das Burgfräulein war in letzter Minute in den Bergfried geflüchtet. Aber auch die feste Bohlentür des Turmes zersplitterte unter den Rammstößen der Angreifer. Es gab keine Rettung mehr. In höchster Not verwünschte das Fräulein die Burg. „Du Burg meiner Väter," rief sie verzweifelt, „versinke in die Tiefe mit allem, was darin ist!" Kaum war das letzte Wort verklungen, begann der Turm zu schwanken, man hörte ein Gurgeln und Brodeln; nach kurzer Zeit war die Burg mit Freund und Feind in der Tiefe versunken. Dunkles mooriges Wasser quoll herauf und bedeckte die Stelle, an der einst die stolze Burg gestanden hatte - der Faule See war geboren.

In den stillen Sommernächten, wenn Wald und Sumpf im Schein des Mondes wie verzaubert daliegen, hört man hin und wieder seltsame Laute von der Mitte des Sees. Das klingt wie Saitenspiel - schwermütig und leise. Und dann wieder ist es wie ein Klagen und Stöhnen: Die Toten der versunkenen Burg gehen um, finden keine Ruhe und beklagen ihr schreckliches Ende. In dunklen Sturmnächten dagegen heult und dröhnt es am Faulen See. Man glaubt, Schreie zu hören, die einem durch Mark und Bein gehen. Der Kampf um die Burg scheint aufs Neue entbrannt zu sein.

# Der Hexenteich in Brunn

Nicht weit entfernt von dem Städtchen Wusterhausen an der Dosse liegt das ehemalige Rittergut Brunn. Der Erbauer des letzten Herrenhauses, das aber bereits 1939 abgerissen wurde, war Friedrich Gisbert Wilhelm Christian Freiherr von Romberg (1729-1809). Er machte schnell Kariere im preußischen Heer und nahm an den Schlachten des Siebenjährigen Krieges teil. Als Gouverneur der Festung Stettin übergab er diese aber ohne zwingenden Grund 1806 kampflos den Franzosen, so daß er später dafür zu lebenslanger Haft auf der Festung Kolberg verurteilt wurde. Hier starb er im Mai 1809, ohne Brunn je wiedergesehen zu haben.

Im Schloßpark des alten Rittergutes Brunn beschatten uralte Bäume ein Gewässer, das im Volksmund die Bezeichnung „Hexenteich" erhalten hat. Alte Überlieferungen erzählen, daß in grauer Vorzeit dieser damals inmitten des Dorfes gelegene Weiher der Schauplatz häufiger Gottesgerichte gewesen sein soll. So hat man die „Hexen", von denen es demnach zahlreiche in den Orten Brunn, Neustadt, Sieversdorf und Zernitz gegeben habe, in diesem Weiher „geschwemmt". Man warf die armen Wesen in dieses ziemlich tiefe Wasser. Versank die Beschuldigte, so hatte sie als schuldloses Opfer ihr natürliches Ende gefunden. Hielt sich aber ein Körper über dem Wasser, so konnte dies nur mit des Teufels Macht geschehen sein, und dem zündete „menschliche" Gerechtigkeit, ohne sich lange zu besinnen, den Scheiterhaufen an...

# Ein Kleinod vom Heuboden

Die Kirche in Brüsenhagen wurde 1678 im Fachwerkstil erbaut. Im Innern der Kirche befand sich ein Altaraufsatz - zwei Flügel eines figurenreichen spätgotischen Schnitzaltars mit Predella und Bekrönung von 1683. Die Kanzel und der Beichtstuhl waren aus dem 17. Jahrhundert. Leider verfiel diese hübsche Kirche im Laufe der Jahre, und es fand sich kein Weg, sie vor dem Verfall zu retten. Mit dem Niedergang der kleinen Fachwerk-Kirche verbunden ist folgende Geschichte - schier unglaublich, aber wahr: In den sechziger Jahren des 20. Jahrhunderts wurde die Kirche in Brüsenhagen bis auf den Turm abgerissen. Ein hölzernes Kleinod, später vom Kyritzer Superintendenten Friedrich Brust als Achatius-Altar erkannt und gerettet, kommt für Jahre auf einen Heuboden in Kolrep. Friedrich Brust ist es schließlich, der die wunderbare Schnitzarbeit nach Kyritz holt. Hier bekommt der Altar seinen Platz im ehemaligen Brauteingang der St.-Marien-Kirche. Der Eingang wird zugemauert und erst 2006 im Zuge der Restaurierungsarbeiten am Gotteshaus wieder geöffnet. Der Achatius-Altar bekam seinen Platz links neben den vorderen Sitzreihen im großen Kirchenschiff.

Achatius ist einer der im 15. Jahrhundert beliebten 14 Nothelfer. Seine Altare kommen sonst nur in städtischen Kirchen vor. Die Legende des Achatius dürfte aus dem 12. Jahrhundert stammen. Sie wanderte in Darstellungen vom Oberrhein nach Norden und Osten. Albrecht Dürer zeichnete und malte die Legende um 1508. Sie besagt, daß der Christ, wenn er mit Gott gegen das Böse streitet, dieses Böse besiegt, auch wenn es die Obermacht ist.

Der in Kyritz stehende Altar erfuhr 1683 eine Umänderung. Wohl zweimal wurde er primitiv übermalt. Ein Restaurator hat sich letztmalig Anfang der neunziger Jahre mit der Aufarbeitung beschäftigt. Er fertigte auch Tafeln an, die die Holzschnitzarbeit wiedergeben. Zum Teil erfolgte am Altar selbst eine sogenannte Freilegung. Mehrere Farbschichten wurden entfernt.

Wo einst der Altar in der Kirche in Brüsenhagen stand, wuchs eine kleine Birke empor, die heute fast die Höhe des Kirchturms erreicht hat. Dieses Zeichen der Hoffnung und wenigstens den Kirchturm wollte man erhalten. Der Kirchturm bekam dort, wo das Kirchenschiff angesetzt war, ein Fenster. Der kleine Gottesdienstraum im Turm hat nun 24 Plätze. Der Kirchturm in Brüsenhagen ist seit August 2006 wieder saniert und konnte mit einem Festgottesdienst eingeweiht werden. Wünschen wir dem Kirchturm in Brüsenhagen Standfestigkeit für die nächsten Jahrzehnte und auch zahlreiche Besucher bei den Gottesdiensten.

Bückwitz - Metzelthin

# Der gutsherrliche Stuhl von Bückwitz

Die erste Mitteilung über die Kirche in Bückwitz finden wir in dem Kirchenvisitationsprotokoll aus dem Jahre 1540. Im September 1634 rückten jedoch kaiserliche Truppen unter ihrem Anführer General Gallas in die Grafschaft Ruppin ein, besetzten auch Bückwitz und steckten am 21. Oktober die Kirche in Brand. Erst 1673 entstand eine neue Kirche.

Einer der früheren Rittergutsbesitzer, wahrscheinlich war es der Kriegsrat Clausius, ließ sich in der Kirche einen sehr eleganten Patronatstuhl aufstellen, den dann auch die Nachfolger beibehielten. Im Jahre 1816 besaß der Herr von Wartenburg zu Metzelthin das Gut Bückwitz, wohnte aber in Metzelthin. Zur Taufe seiner Tochter sollte sich die Verwandtschaft dort einfinden, allein es war ihm der Kirchenstuhl zu Metzelthin zu schlicht. Ohne jemandem etwas zu sagen, ließ er den Stuhl in Bückwitz abreißen und in Metzelthin wieder aufstellen. Doch die Bückwitzer sind empört, und auch der Pastor Danz in Neustadt gibt ebenfalls entrüstet die Versicherung: „Wenn über sechs Wochen der Stuhl nicht wieder dasteht, so will ich nicht Danz heißen!" Eine Beschwerdeschrift an das Consistorium geht ab, und nach einiger Zeit folgt darauf der Bescheid, doch nicht in der Art, wie ihn der Prediger Danz erwartet hatte: „Auf den Antrag des Predigers Danz zu Neustadt wegen Restitution des angeblich von dem Herrn v. Wartenburg zu Metzelthin entwendeten Kirchenstuhl können wir nicht eingehen, weil, da sich die Herrschaft denselben selbst aufgestellt hat, nicht nachgewiesen werden kann, daß sie diesen an die Kirche verschenkt haben und eine solche Schenkung auch nicht vermutet werden kann."

Hiermit war also dem Prediger Schweigen geboten, und er sprach wohl ungern von dieser Geschichte. Bald darauf aber ritt der Prediger Danz einen hübschen Schimmel, und sofort hatte der Volksmund erraten, wo derselbe her sei: Nämlich Herr von Wartenburg habe denselben bezahlt, da es für ihn eine zu große Blamage gewesen wäre, wenn er den Stuhl hätte zurückbringen müssen.

Allerdings geht aus einem Aktenstück im Archiv der Superintendantur hervor, daß dies nur eine Verleumdung gegen den Prediger Danz gewesen war. Doch hielt sich dieses Gerücht in Bückwitz noch über viele Jahre.

# Die Zerstörung der Obermühle

In der Gemeinde Damelack bestand eine mündliche Überlieferung, daß einst Damelacker und Bendeliner die Obermühle an der alten Havelberg-Kyritzer Poststraße gewaltsam zerstört haben sollten. Der Zeitpunkt hierfür und etwas Näheres dazu waren jedoch unbekannt, so daß dieses Geschehen halt als eine Legende angesehen wurde.

Nun berichtete der Lehrer Wittmann aus Breddin in der Heimatschrift „Unsere Heimat, Beitrag aus der Prignitz" im Heft 9, Jahrgang 1956 in seinem Artikel „Aus der Geschichte der beiden Breddiner Wassermühlen" etwas in dieser Angelegenheit. Die meisten folgenden Angaben sind aus diesem Aufsatz entnommen. Demnach wurde die Obermühle im Jahre 1520 erbaut. Die Untermühle, auch Kümmeritzer Mühle genannt, war älter. Beide Wassermühlen gehörten dem Domkapitel Havelberg. Um 1620 meldet das Hausbuch des Domkapitels, daß die obere Mühle „ganz öde und wüste" sei. Erst nach dem Dreißigjährigen Krieg wurde die Obermühle wieder aufgegeben. Ein genauer Zeitpunkt hierfür ist nicht angegeben, vielleicht ist sie auch erheblich später wieder aufgebaut worden. An der linken Seite des Baches wurden an der alten Poststraße für den Müller und seine Gesellen zwei Wohnhäuser errichtet.

Die Wasserverhältnisse waren für die Obermühle äußerst ungünstig. Über einen Mühlenteich, in dem Wasser aufgestaut oder für Trockenperioden aufgespeichert werden konnte, verfügte sie nicht. Diese Mühle wurde später vom Domkapitel an den Müller Balthasar Elfreich verkauft, es bezog von diesem bestimmte Abgaben. Um seinen Betrieb aufrechtzuerhalten und rentabel zu gestalten, mußte der Müller das Wasser stark aufstauen. Dieses ließ sich leicht bewerkstelligen, denn in dem tief eingeschnittenen Bachbett, dessen Uferränder oberhalb der Poststraße fast vier Meter hoch waren, ließ sich ein Stau als Mühlenwehr leicht einbauen. Es wird dem Müller auch sicher eine bestimmte Anstauhöhe (Merkzeichen) angegeben worden sein. Vielleicht ist nun bei der Festsetzung der Höhe dieses Merkzeichens nicht darauf Bedacht genommen worden, daß dieser Entwässerungsbach nur ein ganz schwaches Gefälle, von den Damelacker und Bendeliner entwässerungsbedürftigen Flächen ab gerechnet, hatte. Durch das starke Aufstauen des Wassers wurden nun, besonders im Frühjahr, die Grünlandflächen der Bauern von Damelack und Bendelin überschwemmt und großer Schaden auf den Feldern und Wiesen angerichtet.

## Die Zerstörung der Obermühle

Die Bauern beschwerten sich beim Müller und forderten Abhilfe. Diesem aber war es nicht möglich, eine Änderung herbeizuführen, weil er dann seinen Betrieb hätte einstellen müssen. Vielleicht pochte er auch auf sein ihm bei Erwerb der Mühle vertraglich eingeräumtes Recht. Auch Beschwerden der Bauern bei der Behörde, eine Änderung dieser unhaltbaren Zustände herbeizuführen, hatten keinen Erfolg. Erschwerend hierbei war noch der Umstand, daß die Bauern nicht lesen und schreiben konnten, denn sicher werden sie auch bei dem Domkapitel als dem ehemaligen Grundherren der Mühle vorstellig geworden sein.

Als alle Beschwerden der Gemeinden nicht zum Ziele führten, schritten die Bauern 1734 zur Selbsthilfe und zerschlugen eines Tages das Mühlenwehr und zertrümmerten die Mühleneinrichtung. Diese Tatsache weckte erst die Behörden aus ihrem Schlafe. Über eine Bestrafung dieser gewalttätigen Bauern verlautete nichts, es wird ihr Vorgehen wohl als ein Akt der Notwehr angesehen worden sein. Dem Müller wurde das Aufstauen des Wassers verboten. Gleichzeitig erhielt er die Genehmigung, für den Verlust der Wassermühle eine Windmühle auf dem Kümmeritzer Berg zu erbauen. Das Schicksal der Obermühle, deren Räder sich tagaus und tagein über 200 Jahre drehten, war damit besiegelt: Sie wurde abgerissen.

Die sozusagen als Ersatz hierfür auf dem Kümmeritzer Berg erbaute Windmühle, sie stand fast 200 Jahre, nahm auch ein gewaltsames Ende. Sie wurde Anfang des 20. Jahrhunderts vom Sturm zerstört. Die für den Müller der Obermühle und seine Gesellen errichteten Wohnhäuser auf dem linken Bachufer an der alten Poststraße haben sich zu kleinlandwirtschaftlichen Gehöften entwickelt (es sind noch einige dazugekommen) und tragen kartenmäßig den Namen „Obermühle".

## Dannenwalde

# Wie der Pollo zu seinem Namen kam

Als am 15. Oktober 1897 der erste Zug über die neu erbaute Strecke der Schmalspurbahn Kyritz-Perleberg fuhr, da war das für alle Gemeinden, die an der Stecke lagen, ein großes und freudiges Ereignis. Die Herren Landräte, die Bürgermeister, die Kreistagsabgeordneten, die Bauingenieure und alle sonstigen Würdenträger fuhren auf dieser Fahrt mit. Überall wurde der geschmückte Zug, der mit „Tut-tut" und „Bim-bim" dahergebraust kam, freudig begrüßt. Nur der Hund des Dannenwalder Försters war anderer Meinung. Wütend, die Haare gesträubt und die Zähne fletschend, ging er auf das schwarze Ungetüm los. Der Förster fürchtete, sein Hund, der auf den Namen **„Pollo"** hörte, könnte bei diesem Zweikampf den Kürzeren ziehen, darum rief er ihn mit aller Stimmgewalt zurück: **„Pollo - Pollo - Pollo!"** Drüben am Waldrand antwortete das Echo: „Pollo - Pollo - Pollo". Die Schulkinder, die mit ihrem Lehrer nahe dabei standen, sahen und hörten das und riefen nun ebenfalls aus Leibeskräften „Pollo - Pollo!" Der vielstimmige Ruf pflanzte sich fort, und der Landrat der Westprignitz sagte zum Landrat der Ostprignitz: „Hören Sie nur, Herr Kollege, der Name für unsere Bahn ist vom Volke schon gefunden." Beim Festessen sagte dann der Landrat der Ostprignitz zum Landrat der Westprignitz: „Herr Kollege, lassen Sie uns anstoßen auf **unseren Pollo!"** Sie taten's, und damit war der Taufakt nun endgültig besiegelt. Der Name „Pollo" hat sich bis auf den heutigen Tag erhalten. Die Prignitzer fuhren nicht mit der Eisenbahn in die Stadt, sondern einzig und allein mit dem „Pollo".

Am 31. Mai 1969 trat der „Pollo" seine letzte Fahrt an. Seit dieser Zeit gibt es keinen Pollo und keinen Triebwagen mehr! Dafür erhielt Dannenwalde für den Schienenersatzverkehr bessere Straßen.

# Die Weiße Frau im Schloß Demerthin

Das Schloß in Demerthin ist als bedeutsames Renaissance-Bauwerk bekannt. In diesem Schloß erscheint, so wird erzählt, hin und wieder zu mitternächtlicher Stunde die Weiße Frau. Langsam kommt sie aus dem Park oder aus den Kellergewölben, öffnet lautlos die Türen und wandelt durch die Zimmer und Gänge. Sie soll sich früher immer dann gezeigt haben, wenn bei den Schloßherren der Familie von Klitzing ein Todesfall bevorstand oder eine große Familienfeier geplant war.

Die Weiße Frau ist eine bekannte Sagengestalt und auch in anderen deutschen Burgen und Schlössern zu Hause, z. B. im ehemaligen Berliner Schloß oder in der Lutherstadt Wittenberg. In der Literatur fand sie vor allem bei Dichtern der Romantik Anklang. Sie machten sie zur Heldin von Erzählungen und Geschichten. Aber immer ist sie entweder Ahnfrau oder Schicksalskünderin. Ihr Erscheinen brachte man stets in Verbindung mit irgendeinem, meist unglücklichen Ereignis in der Geschichte des betreffenden Geschlechts.

Viele haben die Weiße Frau im Schloß zu Demerthin gesehen, nie aber hat sich jemand gewagt, das Gespenst anzusprechen.

In alten Büchern wird es wie folgt beschrieben: „Die Frau, ganz in weiß gekleidet, hat auf dem Haupt einen weißen Schleier, wie ihn die Witwen tragen, mit langen weißen Bändern. Bisweilen sieht man sie geschwind durch das Schloß hingehen, da wirkt sie sehr geschäftig. Sie geht immer ihres Weges froh und tut niemandem ein Leid."

Die Demerthiner wollen wissen, daß die Weiße Frau vor Jahrhunderten gelebt hat. Die einen meinen, es war eine mittelalterliche Strafe, und deshalb findet sie keine Ruhe im Grab.

Andere wieder meinen, sie sei wohl Käthe von Klitzing, die 1604 das Schloß bauen ließ und nun von Zeit zu Zeit nach Recht und Ordnung sehen muß.

# Dessower Bier aus der Schloßbrauerei

Der Pfarrort Dessow wurde 1357 das erste Mal urkundlich erwähnt. 1524 war der Ort ein Lehngut der Familien von Fabian und Gadow. 1608 gab es zwei Rittergüter in Groß-Dessow und eine Schäferei in Klein-Dessow. Das Dorf wurde auch ein Opfer des Dreißigjährigen Krieges und brannte fast völlig ab. Langsam erholte sich der Ort. 1650 läßt Lehnherr von Jürgaß eine Meierei bauen, und 1684 ist Dessow wieder adliger Wohnsitz.

In Dessow stand bis 1989 ein schönes klassizistisches Schloß, ein Meisterwerk seiner Gattung und Zierde des ganzen Ortes. Bauherr dieses Bauwerks war wohl Ludwig von Chasot, den König Friedrich Wilhelm III. 1798 in den erblichen gräflichen Adelsstand erhoben hatte.

Als der Gutsherr von Kriegsheim 1867 eine Brauerei in Dessow errichten ließ, ahnte er nicht, welchen Siegeszug der Gerstensaft und welchen wirtschaftlichen Aufschwung das Dorf nehmen würden. Mit der Brauerei wollte er die eigene angebaute Gerste weiter verarbeiten, und die Abfallprodukte des Brauens - Malzkeime und Biertreber - sollten als Viehfutter verwendet werden. Es wurde ein damals noch seltenes Lagerbier gebraut und rund um den Ort abgesetzt. Bis 1880 war die Brauerei in Kriegsheims Besitz, danach übernahm sie Theodor Gilka 1885 von der Grund- und Boden-Kredit AG in Berlin. Der angesehene Kommerzienrat gab dem Unternehmen neue Impulse, und es begann der eigentliche Aufschwung mit dem Dessower Unternehmen "Schloßbrauerei Theodor Gilka".

Im Umkreis der Brauerei von 50 Kilometern galt das Dessower Bier damals als Spitzenerzeugnis der Braukunst. 25 bis 30 Gespanne lieferten das Bier an die zahlreiche Kundschaft aus. Beide Weltkriege erschwerten die Produktion und den Absatz der Brauerei. Heute gehört das Unternehmen zur Öttinger Gruppe mit deutschlandweit fünf Braustätten.

## Der Kobold und der Blutfleck

In Döllen wohnten vor langer Zeit zwei alte Leute in einem kleinen Haus. Diese hatten einen Kobold. Eines Tages aber wurden sie des Kobolds überdrüssig, und so beschlossen sie, ihn über die Grenze zu tragen. Der Mann nahm ihn und trug ihn nach der Döllener Heide. Dort zeigte sich der Kobold in der Mitternacht oft als roter Hahn.

Später ist er aber zurückgekommen und ist mit dem alten Mann auch durch die heile Wand gekommen. Die Stelle an der Wand war mit Blutspuren bedeckt. Diese sollen heute noch zu sehen sein. Wenn die Wand geweißt wird, kommt das Blut immer wieder zum Vorschein...

## Der Schäfer und der Drache

An der Döllener Kuhtrift stand im Jahre 1868 eine alte, hohle Weide. Eines Tages kam ein Schäfer mit seinen Schafen dort vorbei. Als er nun ungefähr hundert Meter von der Weide entfernt war, sah er, daß sich ein goldener Schweif in den Baum hinein senkte. Zuerst traute er seinen Augen nicht. Aber seine Schafe mußten auch etwas gesehen haben, denn sie wollten nicht an der Weide vorüber.

Als der Schäfer nun doch mit seinen Schafen und Hunden vorüber ging, stieg der feurige Schweif aus der alten Weide wieder heraus und schwebte den Wolken zu. Die Leute in Döllen erzählen, daß der goldene Schweif ein Drache ist, der jeden Abend zur Weide kommt und dort sein Mahl hält.

## Von unsichtbaren Menschen

Vor ungefähr 60 Jahren war in Döllen ein großer Brand. In dem Stalle eines Besitzers roch es immer brenzlig. Schließlich stellte man um diesen Stall eine Wache und wachte Tag und Nacht. In dem Stall war aber nur eine Öffnung. Das war die Tür. Vor dieser stellte man eine Menschenfalle. Man glaubte nun, es könne jetzt nichts mehr geschehen.
Doch am nächsten Morgen um acht Uhr brannte dieser Stall. Da erzählte man sich, daß der Brand von einem unsichtbaren Menschen angelegt worden wäre. Ein gewöhnlicher Mensch wäre von der Wache gesehen worden, oder man hätte ihn in der Menschenfalle fangen müssen.

## Der Spuk im Spritzenhaus

Im Jahre 1877 soll sich im Spritzenhaus ein Schäfer aufgehängt haben. Dieser hatte stark gezecht und konnte nachher nicht bezahlen. Er wurde ins Spritzenhaus geführt und sollte dort seinen Rausch ausschlafen. Er tobte und polterte wie wahnsinnig dort herum und wollte freigelassen werden, doch niemand ließ ihn heraus. Am anderen Morgen fand man ihn an einem Haken aufgehängt. So wie der Schäfer an jenem Abend in seiner letzten Nacht getobt hat, so soll er heute noch in der Geisterstunde toben. Viele Leute wollen ihn nachts gehört haben, wenn sie einmal spät nach Hause gingen. Dann haben sich besonders die Frauen sehr geängstigt und sind schnell an dem Spritzenhaus vorübergelaufen. Um 1 Uhr hat der Spuk aufgehört, denn dann ist die Geisterstunde vorüber.

# Segers Wische

Auf dem Wege vom Dorf Dreetz zu dem Gasthof, der in der Heide an der Hamburger Chaussee lag und den die Fuhrleute unter dem Namen der lahmen Ente kannten, lag an dem Fichtenwalde mitten in den dünenartigen Sandbergen eine ziemlich große Wiese, die den Namen „Segers Wische" führte. Hier hat vor uralten Zeiten ein Riese namens Seger gewohnt, dem die Wiese gehörte. Diese hat er, wenn die Zeit der Heumahd kam, mit einem Schwatt abgemäht. Aber er hat auch nach jeder Reihe erst eine Tonne Bier ausgetrunken, denn es wird wohl doch keine ganz leichte Arbeit gewesen sein.

Vor über hundert Jahren soll nicht weit von diesem Ort noch sein Grab sichtbar gewesen sein. Aber jetzt weiß es keiner mehr zu finden, erzählen kann jedoch noch mancher von Segers Wische und von Segers Grab. Es soll dort nämlich auch ein Schatz verborgen liegen, den zwei Dreetzer Tagelöhner einst heben wollten.

Es war Mitternacht, und sie legten an der Stelle, an der sie graben wollten, einen großen Kreis von neunerlei Kräutern und begannen ihre Arbeit. Doch sie waren noch nicht lange dabei, da kam eine große schwarze Kutsche angefahren, vor die feuerspeiende Pferde gespannt waren. Aus der Kutsche stiegen zwei schwarze Gestalten, die in den Wald gingen und bald darauf mit gewaltigen Bäumen zurückkamen, aus denen sie einen hohen Galgen zimmerten. Als der fertig war, stiegen sie herunter, kamen geradewegs auf die Schatzgräber zu und sagten: „Nun wollen wir sie nur gleich aufhängen!" Aber kaum hatten die beiden Dreetzer das gehört, als sie eilig die Flucht ergriffen und ihren Schatz im Stich ließen.

## Drewen

# Der Spuk auf dem Kirchhof in Drewen

In einer dunklen Herbstnacht hörten im Dorfe Drewen nur wenige Einwohner, wie es um Mitternacht zwölf Mal vom alten Kirchturm her in die Stille hallte. Der alte Nachtwächter Siewers stand allein unter den Eichen am Dorfplatz und zählte die Glockenschläge mit. Noch drei Stunden mußte er seinen Dienst tun, ehe auch er sich zur Ruhe legen konnte. Aber plötzlich wurde der Mann durch eigenartige Geräusche aufgeschreckt, die vom Kirchhof her an sein Ohr drangen. Vater Siewers war eigentlich nicht ängstlich, doch bei den anhaltenden scharrenden Lauten liefen ihm doch immer wieder einige Schauer über den Rücken.  Schließlich nahm er all seinen Mut zusammen und schlich sich an die Kirchhofsmauer heran und wagte einen Blick hinüber. Erst wollte er seinen Augen nicht trauen, als er sah, wie unter Stöhnen und Scharren einige Grabsteine hin und her wankten. Konnte es sein, daß die Toten aus ihren Gräbern stiegen? Als das Rascheln und Stöhnen kein Ende nehmen wollte, lief er in seiner Angst und Verzweiflung zum Pfarrhaus. Der Pfarrer wollte zuerst gar nicht glauben, was Vater Siewert ihm aufgeregt berichtete. Nachdem der Pfarrer sich überzeugt hatte, daß der Nachtwächter nicht betrunken war, folgte er ihm mit einer Laterne in der Hand zum Kirchhof. Dort bot sich ein grauenhaftes Bild, denn schon wieder fiel unter dumpfem Stöhnen ein Grabstein um. Nun wollte der Pfarrer doch der Ursache dieses nächtlichen Spuks auf den Grund gehen. Indem Vater Siewert seine mitgeführte Pike und die Laterne noch fester faßte, stießen sie das eiserne Kirchhofstor auf und gingen festen Schrittes auf die lebendig gewordenen Gräberreihen zu. Noch immer glaubten beide an eine Sinnestäuschung, als plötzlich ein schwarzes Ungetüm röhrend und gurgelnd hinter einem der Grabsteine hervorbrach und geradewegs auf den zu Tode erschrockenen Nachtwächter zu rannte. Das Ungeheuer lief genau zwischen seine zitternden Beine und schleppte seinen unfreiwilligen Reiter eine Strecke mit. Dabei flogen Pike und Laterne in hohem Bogen davon. Erst am eisernen Tor endete der Ritt wie auf dem leibhaftigen Satan, denn hier wurde der Nachtwächter am Torpfosten unsanft abgestreift. Auch dem Pfarrer erging es nicht viel besser. Er erhielt von einem weiteren Nachtgespenst einen schmerzhaften Stoß gegen das Schienbein, so daß er laut aufschreiend rücklings auf einem Grabhügel stürzte.

Am nächsten Morgen fand man endlich die Ursache des nächtlichen Spuks auf dem Kirchhof in Drewen:
In der letzten Nacht waren einige Sauen aus dem nahegelegenen Schweinestall ausgebrochen, waren auf den Kirchhof gelaufen, um in den Grabhügeln laut grunzend und schmatzend nach Würmern und Larven zu wühlen.

Eigentlich wollte ja der Herr Pastor den Mantel des Schweigens über dieses nächtliche Abenteuer decken, aber Vater Siewert konnte einfach nicht seinen Mund halten…

So ist diese lustige Geschichte uns erhalten geblieben, und Ursula Pitschke, deren Vater Ernst Stadtkus sie einst aufgeschrieben hatte, ist es zu verdanken, daß sie wieder neu erzählt wurde.

# Das Geheimnis vom See bei Gantikow

In unseren Orten findet man viele alte Geschichten, die von einer Generation zur anderen weitererzählt wurden. Aber es gibt auch Geschichten, die noch gar nicht so alt sind, wie dieser kleine Bericht aus den sechziger Jahren des zwanzigsten Jahrhunderts aus Gantikow: Der See in dem kleinen Dorf hat eine Fläche von 14 Hektar und mißt an seiner tiefsten Stelle etwa 14 Meter. Das Wasser ist sehr sauber, und somit war der See schon immer ein Anziehungspunkt für die Kinder des Ortes. Da aber die Eltern den ganzen Tag über zur Arbeit gingen und nicht immer ihre Kinder zu jeder Zeit beaufsichtigen konnten, hatten sie den Kleinen ein Schauermärchen über diesen See erzählt. Sie wollten damit verhindern, daß die Kinder allein über den See schwimmen und womöglich untergehen. Man erzählte also geheimnisvoll, daß mitten im See ein alter Panzer aus dem letzten Krieg liegen würde, und ein Flugzeug sollte sich auf dem Grunde vor den Bootshallen im tiefen Wasser befinden. Ja, im Dunkeln wollte man sogar noch das Licht im Flugzeug sehen können.

Zwar lachten die älteren Kinder darüber und glaubten es nicht. Wenn aber doch mal jemand zu weit zur Seemitte schwamm, und er hatte das Gefühl, irgend etwas sei an seinen Beinen, und wenn es nur Wasserpflanzen waren, wurde sofort umgekehrt, weil die eigenen Gedanken sich das Schlimmste ausmalten. Es sagte keiner, er hätte Angst, aber die Vorstellung in den kleinen Köpfen tat ihr Übriges. Mancher der Kleinen sah da im Geist die Arme oder die Beine der untergegangenen Soldaten und beeilte sich, an das rettende Ufer zu kommen. Das Ziel, die Kinder zu ängstigen und vor der Gefahr zu bewahren, war somit erreicht.

Auch noch heute, da die ehemaligen Kinder dieses Ortes erwachsen geworden und selbst Eltern von Söhnen oder Töchtern sind, wird die gleiche Taktik angewendet – und immer noch mit Erfolg. So wird diese kleine Gruselgeschichte in den Familien weitergegeben und dient zur Erheiterung, denn die älteren Kinder erzählen es den kleinen Mädchen und Jungen weiter und freuen sich, daß die Gruselversion immer noch funktioniert.

So ist man im Ort froh, daß durch diesen merkwürdigen Einfall bisher tragische Unglücksfälle am See verhindert werden konnten…

# Die Glocken von Ganzer

Vor dem Ersten Weltkrieg besaß die Kirche zu Ganzer zwei Glocken, von denen die größere 1917 für die damalige Kriegsrüstung beschlagnahmt wurde. Die Glocke trug die Inschrift: *Judith Maria von Quasten Margarethe Judith von Haken. Diese Glocke hat Gott zu Ehren und der Kirchen zum Dienst umgießen lassen der Hochedelgebohrne Herr Hans Jochen von Jürgas Rittmeister Erbherr auf Ganzer, Drieplatz und Schöneberg. Auch Kirchenpatronus hier selbst. Dessen itzige Eheliebste Fr. Fr. Margarethe Judith gebohrne von Haken. Matthias Christian Brüning Pastor. Martin Heintze me ficit ano 1686* (das heißt: Martin Heintze hat mich gegossen). Der obere Glockenrand war reichverziert und der Durchmesser betrug 91 cm. Der damalige Pastor Schwachenwalde berichtete dazu wörtlich:

„Mit Segenswünschen entließen wir in Ganzer die beschlagnahmte Glocke, die zum 9. August 1917 dem Landratsamt Ruppin übergeben werden sollte. Es ist die größte von den beiden Glocken… aus dem Jahre 1686. Da bei einer Ablieferung bis zum 27. Juli ein erhöhter Preis bezahlt wurde, versuchten wir, die Glocke schon am 24. Juli selbst auszubauen. Mit einem großen Schmiedehammer bewaffnet bestieg der Schmiedemeister Blümner mit mir den Turm und schlug mit aller Kraft auf die Glocke. Aber sie fügte sich nicht unseren Wünschen, sie blieb heil. Da wegen des engen Gebälkes die Glocke nicht an Seilen vom Turm herabgelassen werden konnte, mußten wir uns einen Monteur von der Glockengießerei Schilling und Söhne in Apolda anfordern. Wegen Arbeitsüberlastung kam dieser erst am 11. August. Er löste die Aufgabe, die Glocke zu zerschlagen, mit Leichtigkeit. Mit Hilfe des Schmiedemeisters Blümner wurde die Glocke von den beiden Balken, auf denen sie hing, auf die Dielung herabgeseilt. Sie wurde dann auf die Seite gelegt und durch wuchtige Schläge mit dem Schmiedehammer, die auf die innere Seite der Glocke geführt wurden, in 29 Stücke zerschlagen. Durch die Turmluke wurden die Stücke auf die Erde geworfen und am 13. August endgültig an das Landratsamt Ruppin abgeliefert."

Die Glocke hatte ein Gewicht von 410 kg. Für das abgelieferte Metall der Glocke bekam die Kirchengemeinde 1410,50 Mark ausgezahlt.

# Der Feldherr Blücher in Ganzer und Teetz

Etwas mehr als 200 Jahre sind es jetzt her, daß der Feldmarschall Gebhard Leberecht von Blücher einigen Dörfern der Prignitz und der Grafschaft Ruppin seinen Besuch abstattete. Vor allem durch Theodor Fontane wurden seine märkischen Landsleute über die näheren Umstände seines Aufenthaltes im Ruppinschen informiert. Blücher stammte aus Mecklenburg und ist wohl einer der populärsten Heerführer der Kämpfe gegen Napoleon. Der Volksmund nannte ihn ehrfürchtig den „Marschall Vorwärts". Nach Ganzer, das sich zu der Zeit noch Gantzer schrieb, kam er gegen Ende des Jahres 1806. Theodor Fontane, der auf seinen Wanderungen durch die Mark auch Ganzer besuchte, schrieb über ihn: „Wir treten ein – gemeint ist ein ehemaliges altes Herrenhaus der Familie von Jürgaß, die damals in Ganzer ansässig war – und werden freundlich empfangen. Eine junge Frau kommt unserer Neugier entgegen, zeigt uns Küch' und Keller, auch das Zimmer, wo General Blücher geschlafen."

Wie war der berühmte Heerführer in unsere Gegend gekommen? Die preußische Armee hatte im Krieg gegen die französischen Truppen bei Jena und Auerstädt eine bittere Niederlage einstecken müssen. Danach befanden sich große Teile des besiegten Heeres auf dem Rückmarsch in Richtung Brandenburg und Pommern. Die Nachhut, die unter dem Befehl Blüchers stand, zog von Havelberg kommend auch durch viele Orte der Prignitz und Ruppins. Hier bezogen die meisten Soldaten der Truppe Quartier in Ganzer und in den umliegenden Dörfern. Blücher selbst, so erfuhr es Fontane, kam bei der Familie Jürgaß unter. Hier erhielt er den Befehl, den Rückzug fortzusetzen. Da das Hauptheer in der benachbarten Uckermark kapitulierte, marschierte Blücher weiter in nördliche Richtung, um das freie Lübeck zu erreichen. Man erzählt, daß er auch durch das Dorf Teetz kam. Hier soll er sich unter einer alten Linde ausgeruht haben, die dort stand, wo nachher die Gastwirtschaft errichtet wurde. Später seien alle Leute vor den Franzosen ins Luch geflohen, bis auf eine Frau, die den Ort nicht verlassen wollte. Sie hatte sich ganz schwarz mit Ruß angemalt, und als sie von den Franzosen entdeckt wurde, dachten diese erschreckt, es wäre der Teufel und ließen die Frau davonlaufen. Den Sohn des Gastwirts Brand, der gerade mit einem Gespann fuhr, wollten die Franzosen zwingen, Soldat zu werden. Doch auch ihm gelang die Flucht.

Der Siegeszug der Armee Napoleons endete in Rußland. Blücher selbst aber beendete seine militärische Laufbahn als Sieger der Völkerschlacht bei Leipzig sowie als Triumphator beim Einmarsch in Paris anno 1815.

# Zerstörung und Wiederaufbau der Kirche zu Gartow

Gartow, ein kleines Dorf, 4 km von Wusterhausen an der Dosse entfernt, besitzt eine ursprünglich aus dem 13. Jahrhundert stammende Feldsteinkirche mit einer bemerkenswerten Schaufassade an der Ostseite, auf der sich ein heute noch regelmäßig bewohntes Storchennest befindet. Die Kirchengemeinde ist seit alters her „Filia" von Wusterhausen, das heißt Tochterkirche, die von einem der beiden Wusterhausener Geistlichen betreut wird.

Der 15. Juli 1864 war ein heißer Sommertag. Wie auf anderen Bauernhöfen auch, so wurde auf einem der Anwesen gegenüber der Kirche nach dem Schlachten Speck zum Räuchern in der Räucherkammer aufgehängt. Als sich plötzlich ein heftiger Sturm erhob, wurde eine der Speckseiten im Räucherofen so heftig erfaßt, daß sie Feuer fing und durch den Schornstein ins Freie geschleudert wurde. Unglücklicherweise setzte sie das Gehöft in Brand, flog weiter über die Straße und übertrug das Feuer auch auf die Kirche. Der heftige Wind sorgte für eine Feuersbrunst, und die Kirche stand in Flammen. Im Dorf war der Schaden glücklicherweise nicht so verheerend. Aber die Kirche war zerstört. Dabei hatte man gerade darüber nachgedacht, endlich eine Orgel anzuschaffen und Fußbodendielung zu legen. Nun war alles zerstört, auch die drei wertvollen Glocken.

Die Kirche sollte umgehend wieder aufgebaut werden. Doch einige Jahre vergingen, in denen Kirchengemeinde, Königliches Konsistorium, Königliche Regierung und Patronat um die Finanzierung verhandelten. Zwischenzeitlich wurden 1866 die zerstörten Glocken (ca. 2 Zentner Material) gestohlen, was eine polizeiliche Untersuchung auslöste. Die Täter wurden aber nicht gefunden. Endlich konnte die Kirche 1868 wieder aufgebaut werden. Nur ein repräsentativer Kirchturm fehlte. Mehrere Pläne wurden diskutiert, aber vom Konsistorium als Aufsichtsbehörde verworfen. Endlich wurde 1871 der Bau eines im Nordwesten neben der Kirche stehenden Turmes nebst Verbindungsbau genehmigt und alsbald der Bau ausgeführt. Die drei Glocken wurden im Sommer 1871 in der Glockengießerei J. G. Große zu Dresden gegossen und im November 1871 eingebaut. Der Preis betrug 597 Taler. 1917 mußten zwei von ihnen zu Kriegszwecken abgeliefert werden. Die Kirchengemeinde erhielt dafür eine Entschädigung von 1.071 Reichsmark. Am 18. Mai 1906 schlug der Blitz in den Kirchturm ein und richtete einigen Schaden an.

# Der Schimmel ohne Kopf am Uhlenbusch

Das Dorf Görike ist ein Angerdorf, die Bauernhäuser stehen im weiten Oval um den Dorfanger und die Kirche. Die auf dem Dorfanger stehende Kirche besitzt einen prächtigen mittelalterlichen Schnitzaltar. Von Wäldern und Bergen umgeben liegt der Ort in einem Tal, das früher einmal ein großer See war. Im Laufe der Jahrhunderte verlandete der See, und heute ist nur noch ein kleines Wasser übrig geblieben und heißt der „Seebusch". In diesem idyllischen Naturschutzgebiet gibt es wilde Orchideen, und die seltene Rohrdommel brütet hier.

Die Grenze zwischen den Gemarkungen Görike und Schönhagen bildet ein Graben, der weiter in die Karthane abfließt. Hier an der Gemarkungsgrenze findet man auch den „Uhlenbusch", eine dichte Hecke aus Schlehdorn und wildem Gestrüpp. Es ist eine unheimliche Gegend. Die Alten im Dorf warnten früher ihre Kinder, sich vom Uhlenbusch fernzuhalten. Es sei auch gefährlich, dort in der Nacht vorbeizugehen. Hatte man doch in Vollmondnächten dort am Uhlenbusch ein weißes Pferd vorbeigaloppieren sehen – einen gespenstischen Schimmel ohne Kopf. Rätselhaft war diese Erscheinung, und rätselhaft ist auch seine Geschichte: Man erzählte, daß früher einmal ein Bauernsohn aus Schönhagen sich in eine Magd aus Görike verliebt hatte, doch der Vater des Jünglings war gegen diese Verbindung. Da sich der Sohn aber nicht umstimmen ließ, bestrafte der hartherzige Vater seinen Sohn auf grausame Weise. Vor den Augen des Sohnes ließ der Bauer dem Schimmel des Sohnes, mit dem er groß geworden war und auf dem er so gern zu seiner Liebsten nach Görike geritten war, von einem Schlächtergesellen den Kopf abschlagen. Schluchzend vor Schmerz und Trauer verließ der Jüngling den Ort für immer. Sein treuer Schimmel aber spukt seitdem am Uhlenbusch und wartet auf seinen Freund…

Groß-Welle - Lindenberg - Schrepkow

# Ein Händler wird ermordet

Ein Händler kam eines Tages nach Schrepkow und bot seine Ware in den Häusern und Höfen an. Er wurde auch in das Haus eines recht geizigen Bauern eingelassen und breitete dort seine Sachen aus. Doch nachdem der Bauer sich verschiedene Dinge ausgesucht hatte, wurde man sich nicht über den Preis einig, und der Händler packte alles wieder ein. Da wurde der Bauer so wütend, daß er in seinem Jähzorn den Händler erschlug. Den Leichnam soll er heimlich in den Wellschen Bergen vergraben haben.

Doch der Geist des Toten fand keine Ruhe. Kamen nun Leute von Lindenberg und wollten nach Schrepkow, so mußten sie an den Wellschen Bergen vorbei. Da erschien plötzlich vor ihnen ein Mann. Gingen die Leute schneller, so lief auch der Geist schneller, und sie konnten ihn nicht einholen. Erst an der Chaussee war der Geist wieder verschwunden.
Als später die Bauern aus Groß-Welle Sand aus den Bergen holten, entdeckten sie das Skelett. Sie begruben es auf dem Kirchhof, und seither hat keiner mehr den Geist gesehen…

# Ein Schneider in Frauenkleidern

Es war die Zeit des Soldatenkönigs, des Preußenherrschers, der die langen Kerle angeblich so liebte und sie in Potsdam tüchtig traktieren ließ. Er schickte seine Werber durchs Land. Einer davon war der Hauptmann Schulz. Er hatte nun in Gumtow den Schneidergesellen Jochen Granzow „für Kriegsdienste" angeworben. Dem Schneider war aber dann sein Entschluß, Soldat zu werden, wieder leid geworden. Er hatte eine Verwandte in Kyritz namens Elisabeth Rockmann. Sie wollte ihm dabei behilflich sein, dem preußischen Drill zu entgehen.

Sie fuhr also hinaus nach Gumtow, steckte ihren Neffen in Frauenkleider und brachte ihn auf diese Weise heimlich und unversehrt durchs Stadttor nach Kyritz. Jochen Granzow glaubte sich nun in Sicherheit.

Aber es war schon immer nichts so fein gesponnen - es kam doch ans Licht der Sonnen. Der Hauptmann Schulz erfuhr davon. Er klagte beim Magistrat gegen Frau Rockmann, die Tante des besagten Schneidergesellen. Auch die Witwe Kälicke klagte er an, sie hätte mitgeholfen, hätte dem Flüchtigen „Weibeskleider zugesteckt" und seinen Männeranzug „anhero bringen lassen".

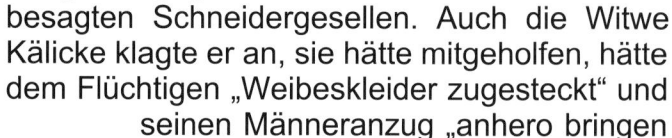

Die Witwe Kälicke bestritt das alles, während Frau Rockmann zugab, ihrem Neffen, wie oben geschildert, geholfen zu haben. Der Hauptmann schob der Witwe dann den Eid zu, den sie dann vor dem Stadtrichter auch ablegte, dahingehend, daß sie von allem nichts gewußt hätte.

Was aus Frau Rockmann und ihrem Neffen geworden ist beziehungsweise welche Strafen ihnen auferlegt wurden, konnte jedoch aus den alten Gerichtsprotokollen leider nicht festgestellt werden.

# Großfeuer in Hohenofen

Nicht nur Kriege und Seuchen waren für die Menschen in früheren Zeiten eine Geißel, sondern auch das plötzliche Entstehen eines Brandes. Die meist mit Schilfrohr gedeckten Häuser begünstigten das Entstehen und die Ausbreitung von Bränden, die nur wenig wirksam mit Wassereimern und Handspritzen bekämpft werden konnten.

Auch Hohenofen wurde im Juli 1800 von einem Großfeuer heimgesucht, das 10 Wohnhäuser und die Kirche einäscherte. So heißt es in einem Bericht:

„Frau Ball wollte Speck braten in der Pfanne. Der Speck fing Feuer und flog zum Schornstein hinaus auf das Rohrdach. Das Rohrdach fing Feuer, und das Haus stand in Flammen. Es brannten 10 Häuser und die Kirche ab. Der König ließ die Kirche wieder aufbauen. Die Abgebrannten bauten sich vom Material für die Kirche auch ihre Häuser, sie waren sehr arm."

In einem Bericht von Carl Kayser-Eichberg, dem Enkel von Jakob Kayser, der 1836 die Papierfabrik in Hohenofen aufbaute, heißt es:

„Man schrieb das Jahr 1820, als das Dorf Hohenofen bei Neustadt an der Dosse von einer Feuersbrunst vernichtet wurde. Mochte der Anlaß zu dieser Katastrophe nun ein Funkenschlag aus dem Hochofen gewesen sein, in dem die Raseneisenerze des dortigen Geländes verhüttet wurden, mochten andere Ursachen dazu geführt haben, der Ort war völlig zerstört worden; und bei dem nur noch geringen Vorkommen an Raseneisenerzen schien es nicht ratsam, das Hüttenwerk selbst wiederaufzubauen.

So blieb der Ort ein verödeter Platz, von dessen einstiger Betriebsamkeit nur noch der Name Kunde gab."

# Der eifrige Pastor von Holzhausen

Holzhausen hatte einmal einen Pastor, den interessierte seine Hobelbank mehr als die Kirche und das Wort Gottes. Hatte er doch einmal am Sonntag Invocavit ganz vergessen, daß es Sonntag war. Die Glocken hatten es schon zum zweiten Male geläutet gehabt, die ganze Gemeinde war in der Kirche versammelt, aber vom Pastor war nichts zu sehen!

Da war denn der Küster seinem Herrn und Meister ins Haus gelaufen, und mit Hilfe der Frau Pastor fanden sie ihn auch in seiner Werkstatt. Der Pastor faßte sich an den Kopf: „Nein, Küster, das kann nicht stimmen. Heute ist doch erst Sonnabend!"

Aber der Küster blieb dabei, er und die ganze Gemeinde, selbst der Schulze, der immer zu spät kam, hielten dafür, daß Sonntag sei. Da hatte der Herr Pastor seufzend seine blaue Schürze abgelegt, die Hemdsärmel heruntergezogen und zugebunden und war mit dem Küster ins Haus gegangen, um sich den Talar überzuziehen.

Die Predigt war recht kurz ausgefallen; aber an ihrem Schluß hatte er das „Patent wider die Entheiligung des Sabbaths" von der Kanzel verlesen, wie er alljährlich entsprechend der landesherrlichen Verordnung an diesem Sonntag tat:

„Fügen hiermit allen und jeden, wes Standes und Würden die seynd, zu wissen, welchermassen Wir in glaubhafte Erfahrung gekommen, daß die Sonn- und Feiertage auf dem Lande allein nicht gebührend gefeyret, besondern der Landmann noch wol darzu diejenige Arbeit, so er am Werckel-Tage versparet, mit Hindansetzung des Gottesdienstes am Sonn- und Feiertage ungescheuet fürnimmt. Ja, was noch mehr ist, daß an selbigen Gott allein gewidmeten Tägen, da ein jeder von aller verbothenen Arbeit sich gänzlich enthalten sollte, der Haußmann Torff, Holtz, Heu, Stroh und dergleichen in die Städte zu Markte führet."

An den Hinweis auf die göttlichen Strafen schloß sich eine Androhung von weltlichen Strafen an. Den Marktleuten sollten die Pferde gepfändet, die Waren abgenommen und in die Armenhäuser gegeben und sie selbst auch sonst noch bestraft werden. Was haben sich wohl die Holzhausener danach gedacht?

Kampehl

# Der Ritter Kahlbutz

Das ist die Kirche von Kampehl, einem kleinen Dorf in der Mark Brandenburg zwischen den Orten Wusterhausen und Neustadt an der Dosse gelegen. Es ist ein Fachwerkbau aus dem 13. Jahrhundert mit einem kleinen Anbau.

Öffnet man die Tür des Anbaus, so schaut man die Stufen hinab auf die gut erhaltene Mumie des Ritters Christian Friedrich von Kahlbutz, der vor etwa 300 Jahren gestorben ist. Sie liegt in einem Doppelsarg, der innen mit Glas abgedeckt ist.

Als 1794 die frühgotische Feldsteinkirche renoviert wurde, fand man bei der Öffnung der alten Gräber im Gruftbau die in einem mit Tannenholz ausgeschlagenen Eichensarg mumifizierte Leiche des 1702 verstorbenen Ritters.

Wer war nun dieser Ritter Kahlbutz, und warum kommen eigentlich jährlich so viele Besucher nach Kampehl, um sich dieses „Weltwunder" anzusehen?

Ritter Christian Friedrich von Kahlbutz lebte nach dem Ende des Dreißigjährigen Krieges im alten Gutshaus in Kampehl. Er soll eine unheimliche Erscheinung gewesen sein: sehr groß und stark, mit roten Haaren. Er ritt nur mit Harnisch und Waffen aus, denn er war Soldat gewesen und hat in der Schlacht von Fehrbellin gegen die Schweden gekämpft. In dieser Schlacht wurde er verwundet. Davon hat er zeitlebens ein steifes Knie behalten. Das hat ihn wohl so besonders jähzornig gemacht, so daß sich alle vor ihm fürchteten.

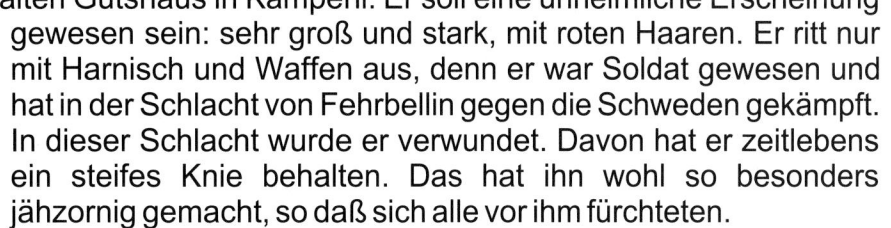

Aber auch die Frauen waren vor ihm nicht sicher. Er soll allen Frauen, ob in seinen Diensten oder nicht, nachgestellt und sich auch mit Gewalt genommen haben, was er sonst nicht kriegen konnte. Damals gab es auch noch das „Jus primae noctis", das schlimme Recht der ersten Nacht. Das konnte der adlige Herr verlangen, wenn ein Mädchen aus seinem Dorf heiraten wollte. Dieses Recht nutzte dieser Ritter Kahlbutz ausgiebig, und obwohl er verheiratet und Vater von 11 Kindern war, soll er noch 30 oder 40 uneheliche Kinder gehabt haben.

## Der Ritter Kahlbutz

**E**ine junge Frau belehrte ihn jedoch eines Besseren und gab ihm einen Korb. Sie hieß Marie Leppin, stammte aus dem Nachbardorf Bückwitz oder aus Kampehl und war auf dem Hof des Ritters Kahlbutz als Magd im Dienst. Sie war die Tochter des Hofmeiers oder Schirrmeisters auf dem Gut.

Sie muß sehr hübsch gewesen sein und war die Braut des Schäfers aus Bückwitz.

Dieses hübsche Wesen auf dem Gutshof wollte nun auch der lüsterne Ritter haben und stellte ihr nach. Doch das mutige Mädchen wagte es, ihn abzuweisen. Daraufhin hat der Kahlbutz ihr bittere Rache geschworen. Und diesen Schwur hat er dann auch auf grausame Weise wahrgemacht.

Eines Tages begegnete dem Kahlbutz auf einem Ritt nach Wusterhausen der Schäfer mit seiner Herde in der Nähe des Bückwitzer Sees, wo eine Brücke über die Schwenze führt. Der Schäfer trieb die Tiere über eine Wiese, die dem Kahlbutz gehörte. Der jähzornige Gutsherr erboste sich darüber so sehr, daß er dem wehrlosen Schäfer mit dem Schwert den Schädel spaltete. Gleichzeitig wollte er sich an seiner Magd rächen, indem er ihr den Geliebten nahm.

Der Schäfer soll jämmerlich geschrien haben. Das hörten auch Leute auf dem Feld, aber keiner hatte etwas gesehen. Sie kamen eilig gelaufen und fanden den Hirten tot in seinem Blut.

## Der Ritter Kahlbutz

Die Braut des Schäfers erfuhr bald von diesem entsetzlichen Unglück. Sie war aber sofort fest davon überzeugt, daß nur der Ritter der Mörder gewesen sein konnte. Sie zeigte ihn deshalb beim Gericht an.

So wurde er angeklagt und kam vor das Gericht in Neustadt an der Dosse.

Aber Kahlbutz leugnete die Tat und schwur, daß er nimmermehr seine Hand gegen den Schäfer erhoben habe. Schwöre er einen falschen Eid, dann wolle er, daß sein Leib niemals zu Staub werde und sein Geist herumwandle ohne Ruhe bis an den jüngsten Tag.

Das es ein Meineid gewesen war, ist dann auch klar geworden, als er starb. Sein Leib blieb unverwest im Sarg, selbst seine Kleidung hat sich erhalten, und ein jeder um Neustadt und Kampehl kennt die Sage, daß sein unruhiger Geist am Ort der bösen Tat allnächtlich zwischen elf und zwölf Uhr herumspukt und sein Unwesen am Bückwitzer See und auf der Schwenzbrücke treibt.

Die Alten erzählen, es seien schon bald nach des Ritters Ableben unheimliche Dinge im Dorf geschehen, aber niemand habe dies etwa dem Kahlbutz zugeschrieben, weil dessen Meineid ja erst lange nach seinem Tod offenkundig wurde.

So ist es einem Bauern geschehen, der einmal um die Geisterstunde mit seinem Fuhrwerk die Schwenzbrücke passierte. Plötzlich beschwerte etwas den Wagen so sehr, daß das Pferd nur mit Mühe die Last ziehen konnte. Der Bauer trieb vor Angst das Pferd an und schwitzte Blut und Wasser. Die Last wurde immer schwerer, und erst, als er den Bannkreis verlassen hatte, ließ sie sich abschütteln.

## Der Ritter Kahlbutz

Schreckliches ist auch einem Knecht geschehen, der zusammen mit seinen Freunden mit dem Toten in der Grabkammer allerhand Schabernack getrieben hat. Die Freunde bekamen jedoch Angst und redeten auf den Knecht ein, man solle den Toten in Ruhe lassen. „Was kann der mir schon anhaben!" erwiderte er spöttisch und setzte sein Spiel fort.

Kurze Zeit später hatte dieser Knecht zu nächtlicher Stunde einen Auftrag in Wusterhausen zu erledigen. Sein Weg führte ihn auch über die Mordflur. Plötzlich ist ihm der Kahlbutz aufgesessen, und der Knecht kam nur mit Mühe vorwärts. Doch die Last wurde immer unerträglicher, bis der Bursche vor Erschöpfung und Schrecken tot umfiel...

Mit der Mumie wurde im Laufe der Jahre allerhand makaberer Unfug getrieben. So auch bei einer Hochzeit im Dorf. Als das Brautpaar lustig mit seinen Gästen feierte, schlichen sich einige Burschen heimlich in die Totenkammer und trugen den Toten in das Schlafzimmer des Brautpaars. Dort legten sie ihn in das Hochzeitsbett.

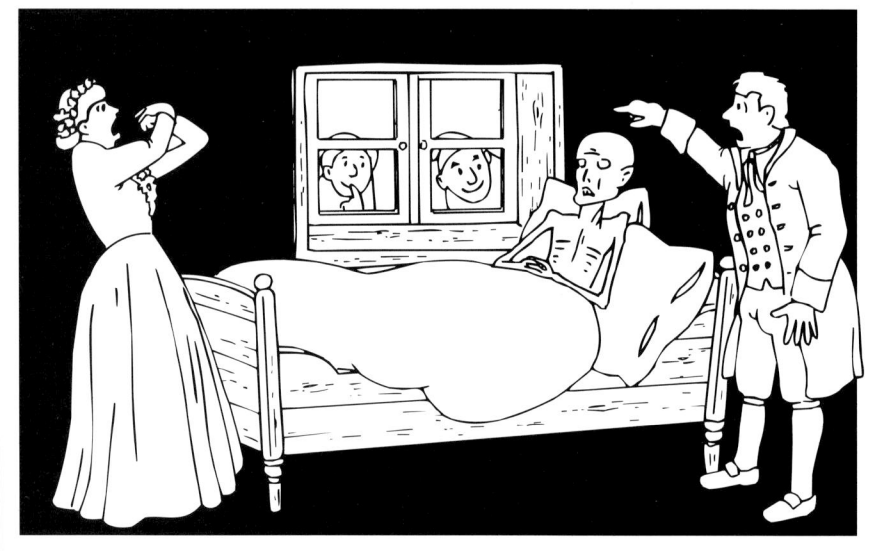

Am Ende der Feier kamen nun die Brautleute, um sich für die Brautnacht ins Bett zu legen. Doch das Bett war schon belegt. Die Braut schrie laut vor Angst und Schrecken, und der Bräutigam sah am Fenster nur noch einige feixende Gesichter vorbeihuschen.

Noch lange Zeit lachte das ganze Dorf über diesen bösen Streich.

# Der Ritter Kahlbutz

Als Soldaten Napoleons zu Beginn des 19. Jahrhunderts im Dorf einquartiert waren, holten sie den Kahlbutz aus seinem Sarge und trugen ihn in die Kirche. Dort wollten sie ihn als Gekreuzigten auf den Altar stellen. Dabei fiel aber die Mumienhand herunter und gab einem der Grabschänder eine Ohrfeige. Vor Schreck war der getroffene Soldat sofort tot. Trotzdem sollen die Franzosen den Kahlbutz des öfteren aus seinem Begräbnis geholt und als Schildwache aufgestellt haben, das wird bis heute in Kampehl erzählt.

Es wird auch die Geschichte von einem Trunkenbold erzählt, der zu später Stunde im Wirtshaus über seinem Bierkrug eingeschlafen war. Darauf haben ihm einige Burschen des Dorfes den toten Kahlbutz an den Tisch gesetzt.

Als der Zecher endlich in der menschenleeren Gaststube erwachte, erblickte er nun im fahlen Morgenlicht, das durch die kleinen Fenster drang, die Mumie, die ihm mit einem Krug in der knöchernen Hand zuprostete. Der erschreckte Mann soll fortan keinen Tropfen mehr getrunken haben...

Der Leichnam des Kahlbutz soll später einem Arzt in Neustadt geschenkt worden sein, der ihn in seinem Empfangszimmer aufstellte. Doch die Patienten hatten dafür kein Verständnis. Sie sollen großen Schaden erlitten haben, fielen teils in Ohnmacht oder mieden die Praxis ganz.

## Der Ritter Kahlbutz

Während der napoleonischen Besetzung soll 1806 ein junger Soldat aus dem Elsaß betrunken in die Grabkammer eingedrungen sein, soll dort den Toten als Mörder beschimpft und ihn dann verflucht haben. Er soll ihn sogar hochgehoben und mit dem Gesicht nach unten in den Sarg geworfen haben. Spöttisch soll er den Kahlbutz eingeladen haben, ihn um Mitternacht zu besuchen. Der Soldat, der beim Dorfschulzen im Quartier lag, wurde am nächsten Morgen mit umgedrehtem Genick auf seinem Bett gefunden.
Gerichtspersonen stellten später fest, daß kein Mensch durch die verschlossene Tür oder Fenster hätte kommen können.

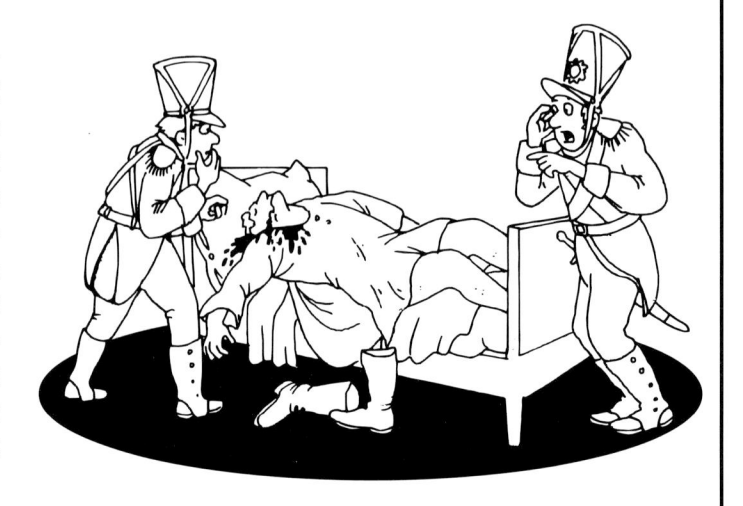

Das letzte böse Spiel mit dem Toten trieben im Dorf auch preußische Soldaten zu Beginn des 20. Jahrhunderts, als sie nach Kampehl ins Manöver kamen. Sie brachten den Leichnam auf den Kirchhof, richteten ihn auf und steckten der Mumie eine Zigarre in den Mund.
Dieses Treiben wurde aber von dem Kommandeur streng geahndet.
Daraufhin wurde der Tote besser verwahrt. Die Patronatsgruft wurde mit einer festen Tür und einem guten Schloß verriegelt.

Das ist nun freilich schon lange her, aber der Leichnam des Herrn von Kahlbutz liegt noch immer unverwest in seinem Sarg in Kampehl, ja, einige behaupten, Haare und Nägel wüchsen ihm noch immerfort nach; er sei eben in Ewigkeit verwünscht …

# Die Jagd über die Schrey-Brücke

Kantow wird 1365 das erste Mal in einer Urkunde erwähnt. Der Ort wird in „Des Landgrafen Johann von Lindow Landbuch und Landbuch der Herrschaft Ruppin aufgenommen im Jahre 1491" Cantow genannt. Demnach gehörte das Dorf zum Land Wusterhausen. Später gibt es auch die Schreibweise „Canto" und auch „Kanthow".

Im Dreißigjährigen Krieg wird das Dorf 1638 von den Leuten des österreichischen Heerführers Gallas völlig niedergebrannt und ist noch 1687 wüst, bis auf die Rittergüter.

Langsam erholte sich Kantow. 1716 gab es im Ort 8 Hüfner, 3 Kostknechte, 1 Kuhhirt mit Vieh und einige Tagelöhner.

Um 1900 standen im Ort bereits 30 Häuser. In der Nacht vom 24. zum 25. August 1900 zog ein schweres Gewitter über Kantow hinweg. Krachend grollte der Donner, und Blitze zuckten am nächtlichen Himmel. Plötzlich schlug ein Blitz im Nachbarort Gottberg ein, so daß dort ein mächtiges Feuer ausbrach. Man konnte den Schein bis Kantow sehen. Mit größter Eile machte sich die Feuerwehr aus Kantow auf den Weg, um beim Löschen zu helfen. Die Pferde wurden vor die Spritze gespannt, alle Feuerwehrleute saßen auf, unter ihnen auch der Bürgermeister und der Schmied. Das Pferdegespann raste mit der Feuerspritze den Weg in Richtung Gottberg entlang, der an der ehemaligen Schrey-Mühle über eine Brücke den Fluß Temnitz überquerte. Leider war die Schrey-Brücke für das Gespann etwas zu schmal, denn ein Pferd streifte mit dem Geschirr das schadhafte Brückengeländer, strauchelte und schob dabei die anderen Pferde in die Temnitz hinein. Fast hätte auch die gesamte Mannschaft ein unfreiwilliges Bad genommen. Dem Spritzenmeister war es aber gelungen, trotz Schimpfen und Fluchen die Spritze aus dem Fluß zu bringen, um schließlich in Gottberg beim Löschen dabei zu sein.

# Die klugen Bewohner von Kolrep

Als sich der im Jahre 1618 entstandene Dreißigjährige Krieg auch der Mark Brandenburg näherte, war die Kriegsmacht des Landes in einem elenden Zustand. Ritter und Städte entzogen sich der Wehrpflicht und sandten nur Söldner oder Lanzenknechte. Auch dem Kurfürsten blieb nichts anderes übrig als Söldner anzuwerben. So durchzogen bald große Scharen von arbeitsscheuem Gesindel, das sich durch hohen Sold, durch das zügellose Kriegsleben und die Aussicht auf reiche Beute anwerben ließ, das Land. Raub, Plünderung, Brand und Mord waren ihre Lust. Bald wüteten schwedische, bald kaiserliche Truppen durch die Marken und hinterließen verbrannte und verödete Städte und Dörfer.

Auch die Prignitz wurde hart getroffen. Es gab kaum einen Ort, der von der Geißel des Krieges verschont blieb. Nur ein Ort wurde während des Dreißigjährigen Krieges nicht von den Söldnertruppen gefunden, und so blieb Kolrep in der Prignitz vor der Zerstörung bewahrt. Zu verdanken ist es einmal der günstigen Lage des Dorfes zwischen Wald und Sumpf, und zum anderen vor allem der Klugheit seiner Bewohner. Kamen nämlich kriegerische Scharen durch die umliegenden Wälder, so löschte man in Kolrep vorsorglich alle Feuer auf den Herden, damit kein aufsteigender Rauch den Ort verraten konnte. Selbst die Hunde und anderen Haustiere versteckte man im Stall oder sogar im Haus, damit das Bellen, Gackern und Krähen nicht zu hören war. Den Menschen im Ort war somit viel Kummer und Leid erspart geblieben.

Kolrep

# Die Hundepredigt

Einst trug sich eine merkwürdige Geschichte in dem Dorfe Kolrep zu. Der Herr Pastor, ein gemächlicher, etwas bäuerischer, alter Junggeselle, war in seinem Alter gebrechlich und wohl auch bequemer geworden, so daß es ihm schwer fiel, die Kanzel zu besteigen. So hielt er denn seine Predigten vom Altar aus und blieb während des Gesanges der Kirchenlieder vor dem Altar auf einem dort hingestellten einfachen Holzstuhl sitzen. Die Bauern hatten auch nichts dagegen, daß sich sein schwarzer Pudel hier niederließ, um seinen alten Herrn die kalten Füße zu wärmen. Im Winter schützte den Pastor noch ein über den Talar geworfener Pelz gegen die Kälte der natürlich ungeheizten Kirche, denn in jenen Zeiten war man noch nicht so anspruchsvoll, eine geheizte Kirche zu verlangen.

Eines schönen Sonntags hatte nun der Pastor auswärts eine Vakanzpredigt zu halten, so daß der Küster „lesen" mußte. Bei der Abreise schärft der Pastor seiner wenig umsichtigen Haushälterin ein, den Hund einzusperren. „Jawoll, Herr Präger," sagt die Alte, „ik wer de Dör fast tomaken." Das tut sie auch, vergißt aber, die niedrigen Fenster zu schließen.

Als es nun zur Kirche läutet, denkt der Pudel in seiner pflichterfüllten Hundeseele: Jetzt mußt du als treuer Pastorenhund zu deinem Kirchendienst. Er springt zum offenen Fenster hinaus und erscheint alsbald in der Kirche. Während die Gemeinde das einleitende Kirchenlied singt, geht er langsamen Schritts, wie er es als steter Begleiter seines würdigen Pastors gewohnt ist, zum Altar. Als er hier seinen Herrn nicht findet, sucht er ihn auf der Kanzel. Ruhig steigt er die Kanzeltreppe empor; aber auch oben findet er den Pastor nicht. Er legt die Vorderpfoten auf die nicht sehr hohe Kanzelbrüstung. Über dem Rednerpult erscheint der schwarze Hundekopf, dessen Kehle mit weißem Bäffchen versehen ist. Er hält ernste Umschau. „Wat nu woll wird?" denken die Bauern. Schon erschallt ein dumpfes Wau-wau, dann verläßt das gute alte Tier gesenkten Hauptes die Kanzel und dann die Kirche.

„Hüt hät de Hund predigt", erzählen die Bauern zu Hause. „Wat hät he denn seggt?" „Oh, de Predigt was just nich lang. Wau hät he seggt, un noh de änner Sied noch ens ganz liesing Wuff, un denn was de Predigt ut."

Damit war die Sache auch für die Bauern erledigt, denn ihr alter, sonderbarer Prediger war ihnen durch sein sonstiges treues Sorgen und Handeln so lieb und wert geworden, daß die biederen Leute gern über eine solche Folge seiner eigenartigen Gewohnheiten hinwegsahen.

## Kolrep - Breitenfeld

# Es kommt oft anders als man denkt

Einst fuhr der Prediger Waßmuth wie alle Sonntage aus Kolrep zur Filiale Breitenfeld. Da tiefer Schnee lag, benutzte er einen Pferdeschlitten. Der alte Waßmuth war in Pelz und Fußsack so warm eingehüllt, daß er unterwegs einnickte. Der einfache Bauernschlitten hatte einen Strohsack als Sitz, aber hinten fehlte die sonst wohl vorhandene „Schoßkelle", wie man die etwas gebogene Rückwand des Sitzes nannte.

Als nun eine steile Stelle des Weges, der sogenannte „Anberg", passiert wird, rutscht der alte Herr ganz sachte vom Schlitten in den hohen Schnee und schläft ruhig weiter. Der Kutscher, der beim gleichmäßigen Klingeln der Glocken in der stillen Einsamkeit auch halb träumt, merkt nichts. Als er dann aber vor dem Schulhaus in Breitenfeld hält, ruft der erstaunte Lehrer: „Jochen, wo häst denn dien Prester?"

„Eih, na de sitt doch hinnen up!" Als er sich aber umdreht, ruft er ganz entsetzt: „Ick häw em doch hat, den hät woll de Düwel holt!"

Bald besinnt er sich aber eines Besseren, wendet und fährt bis zum Anberg zurück, wo ihn der wachgerüttelte Waßmuth mit den Worten empfängt: „Na, Jochen, sind wir nun endlich in Breitenfeld?"

Die Kirche fing diesmal nur etwas verspätet an, der unfreiwillige Aufenthalt hatte dem Prediger nicht geschadet.

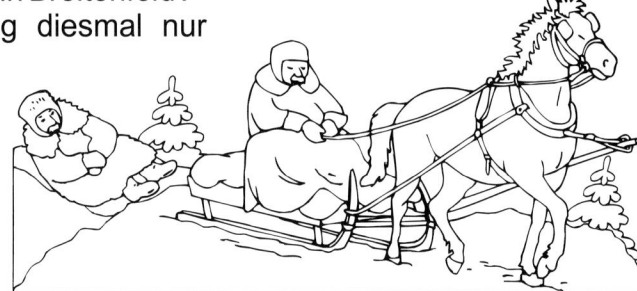

Als der junge Pastor Graefe nach Kolrep kam, wies man ihm das alte Pfarrhaus zu, in dem lange, lange Jahre der alte Pastor Waßmuth gelebt hatte. Der alte Pastor, ein alter, schwerfällig gewordener Junggeselle, und auch seine ebenfalls schon vergreiste Haushälterin waren nicht so sehr für die Reinlichkeit. Die Stube wurde durch die alte Haushälterin in der Weise gereinigt, daß Staub und Abfall in eine unter den Dielen vorhandene Vertiefung, die sonst durch eine lockere Diele verdeckt war, gekehrt wurde. So war es kein Wunder, daß der junge Pfarrer bei seinem Einzuge eine zweispännige Fuhre Unrat, der sich im Hause angesammelt hatte, abfahren lassen mußte. Seine bald darauf eintretende junge Frau ließ aber noch eine Einspännerfuhre von allerlei üblen Resten zusammenkehren.

Von nun an strahlte das alte Pfarrhaus immer freundlich und sauber. Die sieben Kinder des Pfarrers und seiner Frau verlebten hier ihre glückliche Kindheit.

Jetzt ist das alte Haus jedoch vom Erdboden verschwunden.

## Aberglaube

In Kolrep gab es früher weder Bäcker oder Fleischer, Tischler, Klempner oder Schuster. Da mußte sich jeder selbst helfen, so gut er konnte, wenn die städtischen Handwerker nicht zu erreichen waren. In älterer Zeit wurde noch im Hause Bier gebraut und regelmäßig Seife gekocht. Jedes junge Mädchen mußte nicht nur stricken und spinnen können, sondern auch weben lernen. Das Leben spielte sich also zumeist im Dorf ab, und nur sehr selten kam man aus dem Ort heraus.
So hielten sich Aberglaube und allerlei andere Irrtümer lange im Dorf. Da ließ einmal ein Altsitzer den Pastor bitten, ihm die heilige Kommunion im Hause zu reichen, da er infolge Erkrankung nicht zur Kirche gehen könne. Nachmittags besuchte die Frau des Pastors die Frau des jungen Bauern, welche in den Wochen lag. Zu ihrem nicht geringen Erstaunen bemerkte sie an dem Munde des Säuglings Spuren von feinen Silberspänchen.
Bei der eindringlichen Untersuchung der Angelegenheit wurde festgestellt, daß der Vater des Kindes in einem unbeobachteten Augenblick etwas Silber vom Abendmahlskelch abgeschabt hatte. Die Silberspäne wurden dann dem Kind eingegeben, da es nach der Weisheit einer klugen Frau ein gutes Mittel gegen die Verdauungsstörung des Säuglings sein sollte...

## Ein netter Wegweiser

Der Nachfolger des alten Pastor Waßmuth in Kolrep, der junge Pfarrer Graefe, nahm für sich und seine Frau in Perleberg eine Extrapost, um nach Kolrep zu gelangen. Als sie nun in der Gegend von Dannenwalde waren, kamen sie an eine Weggabelung, von der drei Wege abgingen. Doch der Postillon kannte sich hier nicht aus. „Wo geiht´t nu lang?" fragte sich der ratlose Mann. Aber auch der Pastor und seine Frau kannten sich hier nicht aus.
Da sahen sie einen Bauer, der auf dem Feld seine Rüben hackte. Der Kutscher rief ihn an, bis sich der Mann langsam der Kutsche näherte.
„Wat wüll´n Se weeten?"
„O, wi willn nah Kolrep. Wo geiht´t da lang?"
„Süh, nah Kolrep willn Se! Da möten Se hier links föhrn!"

„So. Nun seggen Se mal, wo geiht denn de Weg hier nah rechts hen?"
„Meinen Se den Weg hier rechts lang?"
„Ja, den meinen wi!"
„O, de Weg hier rechts, de geiht ok nah Kolrep hen!"
„Un wo geiht denn dat hier gradut hen?"
„Hä? hier gradut? Dat geiht´t ok nah Kolrep hen!"

# Seine Wiege stand einst in Kötzlin

Hans Christoph Graf von Königsmarck wurde am 4. März 1600 in Kötzlin geboren. Nachdem er am Hofe des Herzogs von Braunschweig-Lüneburg erzogen worden war, trat er zu Beginn des Dreißigjährigen Krieges in das kaiserliche Regiment Sachsen-Lüneburg ein, wo er bald zum Rittmeister befördert wurde.

Als Gustav Adolf im Jahre 1630 in Deutschland erschien, trat Königsmarck in seine Dienste und wurde im Jahre 1636 Oberst eines Regiments.

Nachdem er in demselben Jahre bei Rotkirchen einen Sieg über die kaiserlichen Truppen erfochten hatte, war er längere Zeit schwedischer Befehlshaber in Westfalen. Von dort unternahm er kühne Raubzüge durch das halbe Deutschland, wobei er schonungslos das Land verheerte.

Im Jahre 1642 finden wir ihn mit General Torstenson in Schlesien, wo er im Treffen bei Schweidnitz den Angriff eröffnete. Von dort zog er durch Sachsen und siegte gemeinsam mit Baner in der zweiten Schlacht bei Leipzig am 2. November 1642 über die kaiserlichen Truppen unter ihrem Befehlshaber Piccolomini.

Als Christian IV. von Dänemark eine feindliche Haltung einnahm und dadurch Torstenson zum Marsch nach dem Norden veranlaßte, blieb Königsmarck in Mitteldeutschland zurück und eroberte unter anderem Aschersleben, Halberstadt und Osterwieck. Dann vertrieb er in raschem Zuge die Kaiserlichen aus Pommern und besetzte darauf die norddeutschen Herzogtümer Bremen und Verden, zu deren Generalgouverneur er ernannt wurde.

Im Jahre 1644 finden wir ihn in Sachsen, wo er den General Rekowitz bei Zeitz besiegte und den Kurfürsten von Sachsen zum Waffenstillstand und zur Räumung von Leipzig und Torgau zwang.

Wieder durchzog er nun brandschatzend die deutschen Lande, besonders Ober- und Niedersachsen, Westfalen und die Pfalz, und stieß dann im Jahre 1648 in kühnem, raschem Zuge bis Prag vor.

Am 26. Juli 1648 eroberte er die Kleinseite von Prag und machte unermeßliche Beute, die auf 1,5 Millionen Taler angegeben wird. Das war die letzte Waffentat in dem großen Kriege, der einst Deutschland auf Jahrhunderte vernichtete. Wo der Krieg 1618 begonnen hatte, ging er 1648 zu Ende.

## Seine Wiege stand einst in Kötzlin

**W**egen seiner Verdienste um die schwedische Sache erhielt Königsmarck im Jahre 1651 die Grafenwürde und wurde im Jahre 1655 zum Generalfeldmarschall ernannt. Er lebte meist in Stade, wo er sich das Residenzschloß Agathenburg erbaut hatte.

Als im Jahre 1656 der schwedisch-polnische Krieg ausbrach, stand er in Preußen auf schwedischer Seite. Er hatte aber das Mißgeschick, von den Polen gefangen genommen zu werden. Bis zum Frieden behielten sie ihn in der Festung Weichselmünde fest. Die letzten Jahre seines unruhigen Lebens brachte er in Stade und Stockholm zu, geschätzt und geehrt vom schwedischen Volk und König.

Er starb am 8. März 1663 in Stockholm an einer Hühneraugenoperation, nachdem er vierzig Schlachten und Belagerungen und vierjähriger Gefangenschaft glücklich entgangen war.

Nicht so glücklich ist es seinem Geburtsort ergangen. In Kötzlin, das damals Ketzelin hieß, zählte man nach dem Dreißigjährigen Kriege nur noch 2 Hüfner. Es waren dies Hans Krül, 56 Jahre alt, und Stoffel Bülow aus Bendelin, 38 Jahre alt. Über die Anzahl der weiblichen Bewohner liegen leider keine Angaben vor.

# Friedrich der Große und die Köritzer Heuschrecken

In der Gemeinde Köritz ist noch lebhaft die Erinnerung an den Bauern und Kreisschulzen August Rogge wach, der im 18. Jahrhundert gelebt hat und ein besonderes Original gewesen sein muß. Unter den vielen Geschichten, die sich um seinen Namen weben, befindet sich auch eine kleine Anekdote, die sich aus einem Briefwechsel zwischen ihm und dem König entsponnen hat.

Eines Sommers hatte eine Heuschreckenplage die Köritzer Feldmark heimgesucht. Kreisschulze Rogge als Führer seiner Gemeinde kam daraufhin mit dem Gesuch an die Regierung ein, dem Dorf für dieses Jahr die Steuern zu erlassen, da die Heuschrecken die Felder völlig verwüstet hätten. Man ging höhererseits auf das Anliegen jedoch nicht ein, vermutlich, weil man nicht ganz von der geschilderten Notlage überzeugt war. Rogge ließ jedoch nicht locker und wandte sich schließlich im Namen der Gemeinde an den König persönlich. Dieser ließ ihm in der ihm eigenen drastischen Form antworten:
„Ihr werdet doch wohl mit den kleinen Viechers fertig werden!"

Der Schulze gab sich aber immer noch nicht zufrieden und sann auf „Rache". Er ließ einige der „Viechers" in eine Kiste packen und dem König übermitteln. Als dieser nichtsahnend das Kistchen öffnen ließ, schwirrten ihm plötzlich einige der größten Köritzer Heuschrecken um die Ohren. Aber auch diese seltsame Beweisführung fruchtete nichts.

„Naseweise Leute soll man nicht zum Schulzen machen", war die lakonische Antwort des Alten Fritz.

Die Köritzer aber mußten allein mit ihren Heuschrecken fertig werden...

# Eine Sage vom Erdmännchen bei Kunow

Da, wo einst die Prignitzer Kleinbahn, der „Pollo", den Weg zum Nachbardorf Schrepkow kreuzte, befindet sich ein kleiner Hügel. Auf ihm stand lange Zeit eine Windmühle. Nicht weit davon entfernt hatten Torfstecher viele tiefe Löcher ausgehoben, die mit moorigem Wasser gefüllt waren. In dieser nicht gerade einladenden Gegend hauste vor vielen Jahren, so erzählt man in Kunow, ein Erdmännchen. Es hatte aber seine Freiheit verloren, nachdem ein böser Zauberer dort aufgetaucht war. Er fing sich das kleine, unscheinbare Männchen und band es in einem der dort stehenden alten hohlen Bäume fest. Aus eigener Kraft konnte sich der kleine Gnom nicht befreien. Vielleicht säße er dort heute noch, wenn nicht eines Abends ein Kunower mit seinem Pferdefuhrwerk vorbeigekommen wäre. Beim Anblick der alten Mühle, vor allem wohl wegen des Schattens, der im Mondschein bedrohlich aussah, scheuten die Tiere plötzlich und rasten mit dem Bauernwagen gegen einen der dort wachsenden Bäume. Dabei zerbrach die hölzerne Deichsel. Gut, daß der Kunower Fuhrmann eine Axt bei sich hatte. Damit schlug er einen ihm nahestehenden Baum ab, um ihn als Ersatz-Deichsel zu benutzen. Aber das war dann doch nicht möglich, weil der Baum im Innern leider hohl war. Was der Bauer nicht wissen konnte: Er hatte genau den Baum getroffen, in dem sich das Erdmännchen befand. Ohne sich zu erkennen zu geben, sprang es aus seinem engen Gefängnis und versteckte sich hinter einem Baumstumpf. Von dort aus konnte es sehr schön beobachten, was sein Befreier nun tat. Der nahm seine Axt wieder in die Hand und fällte einen zweiten Baum für die Reparatur seiner Wagendeichsel. Zu seiner großen Freude paßte der auch sofort, und der Weiterfahrt stand nichts mehr im Wege. Als er sich dann aber doch noch einmal umsah, glaubte er, seinen Augen nicht zu trauen. Die Späne, die er abgehauen hatte, glänzten herrlich im fahlen Licht des Mondes. Sie waren zu purem Gold geworden. Das aber war der Dank des Erdmännchens. Freudig sammelte der so reichlich Beschenkte alles Gold auf und fuhr sofort zu Frau und Kindern nach Hause, denn nun hatte alle Not für die ganze Familie ein Ende.

# Die kleine Brücke über den Penningsgraben

Auf dem Wege von Kunow nach Schrepkow führt eine kleine Brücke über den Penningsgraben.
Dort, so erzählen die alten Leute, spukt es nachts.
Zwei Bauern, die sich einst verspätet hatten, kamen zu nächtlicher Stunde den Weg entlang. Sie sahen schon von weitem auf der Brücke einen hellen Schein und dachten, es wäre ein Feuer. Aber als sie näher kamen, erkannten sie einen Berg Goldstücke.
Der eine - geizig, wie er war - nahm sich eine Handvoll Goldstücke. Da ertönte eine dumpfe Stimme:
„Laß mein Geld!" Im gleichen Augenblick stand ein riesiger schwarzer Hund vor den beiden Bauern und sprang auf den Geizhals zu. Der andere Bauer lief, von Entsetzen gepeitscht, dem Dorfe zu.
Am anderen Morgen fanden die Leute die Leiche des Geizhalses auf der Brücke. „Dat war die Strafe für seinen Geiz!" raunte man sich ängstlich in Kunow zu.
Aber am Penningsgraben ist es bis heute nicht ganz geheuer!

# Der Feuerreiter von Kunow

Die Gebäude unserer Ahnen waren meist aus Fachwerk erbaut. Da Dachsteine teuer und schwer zu beschaffen waren, errichteten sie ihre Dächer aus Stroh, Schilf oder Rohr. Gekocht wurde auf einem nach allen Seiten offenem Herd. Der Rauch zog seitlich unter dem Dach nach draußen ab. Schornsteine blieben lange Zeit ein Fremdwort. Es läßt sich denken, daß es bei dieser Bauweise immer wieder zu schlimmen Bränden, oft genug zu regelrechten Feuersbrünsten kommen mußte. Um solche Katastrophen zu vermeiden, galt die Vorschrift, daß in jedem Hause mehrere Feuereimer bereitgehalten werden mußten. Sie waren für die erste Hilfe gedacht. Da es vor Jahrhunderten noch keine Blecheimer gab, bestanden sie alle aus Leder. In jeder Kirche war eine sogenannte Feuerglocke vorhanden, die sofort in Tätigkeit gesetzt wurde, wenn irgendwo ein Brand ausgebrochen war. Gelöscht wurde dann mit „Mann und Maus", auch die Frauen hatten sich am Unglücksort einzufinden. Es kam ja auf jede helfende Hand an. Wenn das Feuer aber dann trotz aller Bemühungen doch die Oberhand gewonnen hatte und unbarmherzig wütete, konnten nur noch die Feuerreiter helfen. Das waren mutige Männer zu Pferde, die „innerlich" die Kraft besaßen, den „Roten Hahn" zu besiegen. So geschah es anno 1839 im Prignitzdorf Kunow. Es wurde in dem genannten Jahr von einer schrecklichen Feuersbrunst heimgesucht. Seinen Ursprung hatte das Feuer auf einem Grundstück neben der alten Schule, die aber zum Glück erhalten blieb. Schuld daran, daß sich das Unglück in Windeseile ausbreiten konnte, war ein Weststurm, der immer mehr an Stärke zunahm. Er trieb die Flammen auf der östlichen Seite der Häuserzeilen des langen Straßendorfes von einem Grundstück zum anderen. Die Bewohner konnten entsetzt nur zusehen, wie ein Haus nach dem anderen ein Raub der Flammen wurde. Vielleicht wäre das ganze Dorf in Schutt und Asche versunken, wenn nicht der Gutsinspektor aus dem benachbarten Krams gekommen wäre. Er war ein Feuerreiter und umkreiste auf seinem Schimmel sämtliche brennende Gehöfte. Anschließend sprengte er in rasendem Galopp der durch den Ort fließenden Bäke (Bach) zu. Die glühende Feuerkugel zog er immer hinter sich her, schließlich auch in das Wasser des kleinen Wasserlaufes hinein. Mit dem Erlöschen der Feuerkugel war die Macht des Feuers im Dorf gebrochen. Alle Flammen sanken nach und nach in sich zusammen. Die Kraft des Feuerreiters aus Krams hatte den größten Teil von Kunow vor der Zerstörung bewahrt...

## Der weiße Kater von Kunow

Am Nordende des Dorfes Kunow, das als Mittelpunkt der Prignitz gilt, befand sich in früherer Zeit eine Schänke, ein weit über die Grenzen des Ortes hinaus bekannter Dorfkrug. Ganz in der Nähe führte der alte Postweg von Kyritz nach Perleberg vorbei. Viele Jahrhunderte lang spannten an dieser Stelle die Postillione ihre Pferde aus, um nach kurzer Rast mit neuen Zugtieren die Fahrt fortzusetzen. In westlicher Richtung ging es zunächst über die Groß Weller Berge auf Perleberg zu, den nächsten Haltepunkt. Als die Raubritter derer von Quitzow mit ihren Gesellen noch im nahen Kletzke lebten, fuhr einmal ein Kaufmann diesen Postweg entlang. Seinen Wagen hatte er mit vielen kostbaren Gütern beladen. Als der Handelsreisende nach der Rast im Kunower Krug nun durch die Berge bei Groß Welle fuhr, geschah das, was er schon vor Beginn der Reise befürchtet hatte. Er und sein Wagen wurden von den Quitzowschen Kriegern überfallen. Nichts blieb in dem Wagen zurück, und der Kaufmann selbst wurde auf der Stelle getötet, wohl weil er noch versucht hatte, Widerstand zu leisten. Nun war der Getötete überall als ein schlechter Mensch bekannt, den niemand besonders betrauerte. Er lebte nur von Lug und Betrug. Dazu kam, daß er mit dem Bösen im Bunde stand. Der verwandelte seine Seele sofort nach seinem Tode in einen weißen Kater, der auf schnellstem Wege im Unterholz der Berge verschwand. Von dort aus begann er nun, sein Unwesen zu treiben und die Leute zu belästigen. Wer um die Zeit der Mitternacht die Stelle passierte, dem wurde von unsichtbarer Hand stets der Wagen festgehalten. Trotz anfeuernder Rufe des Kutschers - die Pferde brachten das Gefährt nicht mehr von der Stelle, so sehr sie sich auch anstrengten. Manche wollten die Ursache für diesen Zwangsaufenthalt trotz der Dunkelheit mit Sicherheit erkannt haben. Sie sprachen von einem weißen Kater, der sich in den Speichen ihres Wagens festgebissen hatte. Das war der verwandelte Kaufmann, der sein verlorenes Gut suchte. Erst wenn er erkannt hatte, daß sich seine gestohlenen Waren nicht auf dem Wagen befanden, ließ er los und verschwand fauchend im nahen Gebüsch. Immer waren die Wagenlenker froh, wenn sie ihre Fahrt nach dieser Aufregung und ohne Schaden genommen zu haben fortsetzen konnten.

# Kyritz an der Knatter

Kyritz, im Nordwesten Brandenburgs, liegt an dem Flüßchen Jäglitz. Woher der Name „Knatter" rührt, ist nicht verbrieft, weil bei einem großen Stadtbrand das alte Rathaus und mit ihm viele Dokumente vernichtet wurden. Gern erzählt man in Kyritz diese Deutung:

Im 14./15. Jahrhundert war die Stadt geprägt von Landwirtschaft, Braugewerbe und Tuchmacherei. Zum Walken des Tuches und zum Getreidemahlen dienten Wassermühlen an den Ufern des Flüßchens. Deren Wasserräder aus Holz knarrten in ihren ebenfalls hölzernen Lagern, und die Blätter tauchten mit lautem Klatschen in das Wasser. Weil diese knatternden Geräusche weithin vernehmbar waren, hätten Reisende, die Kyritz auf der alten Poststraße von Berlin nach Hamburg nahekamen, ausgerufen:

„Jetzt kommt Kyritz an der Knatter!"

Eine nicht ernst zu nehmende Version der Namensgebung besagt, daß es einstmals Leonardo da Vinci gelungen war, einen Hubschrauber aus Holz zu bauen. In Begleitung eines Dieners machte er seine Flugversuche und kam somit auch in die Prignitz. Als er nun nahe Kyritz war, verlor der hölzerne Hubschrauber, der ja mit Muskelkraft angetrieben wurde, an Höhe. Der erschrockene da Vinci sah unter sich bereits die Kühe weiden und rief deshalb ängstlich zu seinem Diener: „Nicht so tief, damit ich nicht die Küh' ritz!"

Das hörten die Kuhhirten und nannten demnach die Stadt, vor der sie hüteten, Kyritz.

# Das Stadtwappen von Kyritz

Die Stadt Kyritz an der Jäglitz in der Ostprignitz liegt 50 Meter über dem Meeresspiegel, westlich der reizvollen bewaldeten Kyritzer Seenkette. Sehenswert sind die Fachwerkgiebelhäuser aus dem 17. Jahrhundert, die spätgotische Marienkirche sowie die Reste der Stadtmauer.

Das Stadtwappen von Kyritz stammt wahrscheinlich aus dem Jahre 1237, als die Herren von Plotho das Stadtrecht und gleichzeitig ihr Wappenzeichen, die Lilie, der Stadt verliehen. Das Wappenbild weist auf die Stadtbefestigung mit vier Türmen und drei Eingangstoren hin, wovon heute nur noch ein Teil der Mauer vorhanden ist.

Das Wappen ist ein grüner Mittelschild in Silber mit goldener heraldischer Lilie, dahinter eine ungezinnte rote Mauer mit geschlossenem Tor. Auf der Mauer rechts und links vom Mittelschild sind zwei vierfenstrige, auf dem oberen Schildrand zwei zweifenstrige rote Türme mit spitzen roten Dächern und goldenen Knäufen.

Um die Mitte des 12. Jahrhunderts errichteten die Herren von Plotho in einem vorgeschichtlich und slawisch besiedelten Gebiet in der heutigen Ostprignitz eine selbständige Herrschaft.

Nach 1200 entstand die später ummauerte, regelmäßig angelegte Stadt mit der zum Bistum Havelberg gehörigen Nikolaikirche - später Marienkirche. Sie erhielt 1237 Stendaler Stadtrecht, und 1245 war eine Münze in Betrieb.

Nach 1259 ging Kyritz als Immediatstadt an die Markgrafen von Brandenburg über. Die zur Hanse gehörige Stadt trieb unter anderem mit Lübeck Handel. Tuchmacherei und Brauerei standen in Blüte, doch trat seit Ende des Mittelalters die Landwirtschaft stärker in Erscheinung. 1837 zählte man 2908 Einwohner - am Ende des 20. Jahrhunderts lebten in Kyritz etwa 10000 Bewohner.

# Kyritz und der falsche Waldemar

Vor dem falschen Waldemar gab es einen echten. Der ist aber im Jahre 1319 an einem heimtückischen Fieber gestorben und im Kloster Chorin beigesetzt worden. Er soll weitblickend und tatkräftig in seinen Regierungsgeschäften gewesen sein. Das von ihm regierte Land umfaßte außer der Mark Brandenburg weite Gebiete Pommerns, Schlesiens, Sachsens u.a. Die Chronisten sagen, kein anderer deutscher Fürst hätte ein so glanzvolles Auftreten gehabt wie er, dessen Ruhm durch fahrende Spielleute weit durch die Lande getragen wurde.

Den Klerus und den Adel beschenkte Waldemar. Die Gunst der märkischen Städte erkaufte er sich durch die Bewilligung zahlreicher Privilegien. So erwarb Kyritz während seiner Regierungszeit die 3 Seen östlich und nordöstlich der Stadt. In der Schlacht bei Gransee (1316) wurde Waldemar von den Staaten des Nordischen Bundes (Dänemark, Schweden, Polen, Rügen) besiegt. Im Frieden von Templin (1317) beließen ihm seine Gegner jedoch allen Landbesitz. Nach dem Tode aber fielen habgierige Nachbarfürsten über das von ihm regierte Land her und entrissen ihm wertvolle Teile.

Da tauchte im Jahre 1347 ein älterer Pilger auf und behauptete, der rechtmäßige Waldemar zu sein. Er wäre nicht gestorben, sondern hätte eine Pilgerfahrt ins heilige Land gemacht. Der Erzbischof von Magdeburg und der Kaiser Karl IV. erklärten den falschen Waldemar als echt. Dadurch fand er die Unterstützung vieler Städte, die von Ludwig dem Bayern, der die Herrschaft in der Mark an sich gerissen hatte, nichts wissen wollten, weil er sich meistens in Tirol aufhielt, in der Mark aber tüchtig Steuern kassieren ließ.

Unter den 36 märkischen Städten, die sich dem falschen Waldemar unterwarfen, war auch Kyritz. Am 12. Februar 1349 weilte der falsche Waldemar in den Mauern der Stadt und ließ sich huldigen. Zum Lohne bewilligte er den Kyritzern die Holzungsgerechtigkeit in Roddahn, denn Kyritz besaß damals keinen Wald.

Ein Jahr später, im Jahr 1350, war die Herrlichkeit des falschen Waldemar zu Ende. Der Kaiser, der wohl am besten über seine Herkunft Bescheid wußte, erklärte ihn zum Schwindler. Ludwig der Bayer, inzwischen mit dem Kaiser ausgesöhnt, entließ alle Städte, die Waldemar Treue gelobt hatten, aus ihrem Versprechen und bestätigte sogar die erworbenen Privilegien. So blieb Kyritz im Besitz des Holzungsrechts, das über 400 Jahre andauerte.

# Das Bassewitzfest zu Kyritz

Die Stadt Kyritz hat vor alten Zeiten vielfach Fehden mit den Rittern der benachbarten Lande gehabt. Handel und Verkehr standen ganz unter dem Einfluß des Fehderechts. Bezeichnend hierfür ist ein Privileg, das Kyritz 1371 von dem Kurfürsten Otto dem Faulen aus dem Hause der Bayern erhielt. Danach sollte es der Stadt „vergönnt" sein, daß sie sich „wegen des großen Schadens, welchen sie von den Feinden des Markgrafen genommen und täglich noch nähme, an ihren Beschädigern wieder erhole. Würde sie dabei mit dem landesherrlichen Vogte gemeinschaftlich zu Werke gehen und Gefangene und Beute machen, so sollte dieser Gewinn nach der Mannzahl der beiderseitigen Gewaffneten geteilt werden, Gefangene und Beute aber, die von der Stadt ohne Beihilfe des Vogtes gemacht würden, sollte die Stadt allein behalten."

Schon 1373 kam Brandenburg unter die Herrschaft der Luxemburger, aber die Verhältnisse besserten sich höchstens zeitweise, waren sogar oft noch trauriger, besonders, wenn die Mark an auswärtige Fürsten wie Jobst von Mähren verpfändet war.

Von niemandem geschützt, durch innere Streitigkeiten zerrissen, reizte ihre Schwäche die Nachbarfürsten dazu, sich Grenzländer anzueignen. So trachteten die Mecklenburger nach der Prignitz. Es gehörte Grabow zum Beispiel ursprünglich nicht zu Mecklenburg, sondern die Elde bildete wahrscheinlich früher die Grenze.

Einer dieser Grenzkriege war 1381. Der mecklenburgische Ritter Bassewitz stand 1381 am Morgen des Montags nach Invokavit plötzlich mit einem Heerhaufen vor Kyritz und schritt auch bald zum Sturm auf die ummauerte Stadt.

# Das Bassewitzfest zu Kyritz

**A**ber die Kyritzer waren doch rechtzeitig gewarnt worden und bereiteten sich auf die Verteidigung ihrer Stadt vor. Die Mauern wurden besetzt, und jeder wehrfähige Mann erhielt eine Waffe. Die Frauen kochten heißen Brei, um ihn von den Zinnen auf die anstürmenden Räuber zu gießen.

Als dann der Angriff begann, wehrten sich die Kyritzer tapfer gegen die zahlreichen Eindringlinge. Allmählich erlahmte jedoch die Widerstandskraft der mutigen Verteidiger von Kyritz, und die Feinde kamen auf die Mauer. Die Stadt schien verloren zu sein.

Da, im entscheidenden Augenblick, erfaßte die Bürger ein ingrimmiger Mut. Sie setzen ihre letzten Kräfte dran und schlugen drauf mit wildem Zorn.

Überrascht und völlig erschreckt dachten die Feinde, daß frische Truppen den Kyritzern zu Hilfe gekommen wären. Ihr Siegesruf verwandelte sich in Geschrei und Bestürzung. Umso mehr schlugen die Kyritzer zu, bis der letzte Feind über die Mauern gedrängt war.

## Das Bassewitzfest zu Kyritz

Um aber ihre schimpfliche Flucht zu entschuldigen, erfanden die Männer des Bassewitz die Erzählung von einem Engel, der plötzlich auf der Mauer erschienen sei und dort für die Kyritzer gekämpft haben soll.

Die Kyritzer aber beschlossen, zum Andenken an die Rettung der Stadt am Montag nach Invokavit ein Lobefest zu feiern mit Predigten in der Kirche und Austeilung von Almosen an die Armen und die Schulkinder.

Alljährlich war dieser Tag für die Kyritzer Feiertag. Es wurde nicht gearbeitet, und die Läden waren zu. In der alten gotischen Backsteinkirche war Gottesdienst, und in allen Sälen der Stadt war Maskenball.

Diese schmähliche Niederlage konnte aber Kurt von Bassewitz nicht verwinden. Im Juli des Jahres 1411 am Kilianstag, dem 8.7., erschien er mit seiner Heerschar vor Kyritz und schloß es bis zum Margaretentag, dem 13.7., ein, ohne die Stadt anzugreifen. Es schien, als wollte er die Stadt aushungern. Doch er hatte die Niederlage von 1381 nicht vergessen, deshalb hatte er sich einen anderen Plan ausgeheckt: Er wollte durch einen unterirdischen Gang bis in das Innere der Marienkirche vordringen und von dort aus, während der draußen gebliebene Teil seiner Mannschaft einen Sturmangriff unternehmen sollte, den Kyritzern in den Rücken fallen.

## Das Bassewitzfest zu Kyritz

Heimlich begann Bassewitz mit seinen Leuten, einen Gang unter die dicke Stadtmauer hindurch zu graben.
Der Gang führte aber an einem Turm an der Mauer vorbei. In dessen Verließ saß gerade ein Schwerverbrecher, der zum Tode verurteilt war. Er hörte in der Nacht das dumpfe Klopfen, Kratzen und Waffengeklirr...

Am anderen Morgen ließ der Gefangene den Ratsherren sagen, daß er bereit sei, ihnen etwas sehr Wichtiges mitzuteilen, wenn sie ihm dafür die Freiheit versprächen.

Die hohen Herren willigten ein, und der Gefangene berichtete ihnen, was er bemerkt hatte.

Sofort stellte man Trommeln mit Erbsen auf, um Erschütterungen in der Erde besser feststellen zu können, und bald konnte man den Gang des Bassewitz genau verfolgen.

Man alarmierte die gesamte Bürgerschaft der Stadt und ließ sie sich bewaffnet bereithalten.

## Das Bassewitzfest zu Kyritz

Bassewitz kam aber nicht in der Kirche, sondern auf dem Markte aus der Erde hervor. Er hatte die Richtung verfehlt.

Dort erwarteten ihn schon die Kyritzer Bürger, und die Frauen sollen ihn mit heißer Grütze verbrüht haben. Nach einem harten Kampf wurde der Ritter gefangengenommen.

Der Raubritter wurde von den aufgebrachten Kyritzern gefesselt und ist mit seinem eigenen Schwert hingerichtet worden.

Dieses Schwert und Reste der Ritterrüstung befinden sich noch heute auf dem Rathause.

Zum Andenken an die Befreiung der Stadt aus dieser Not feiert man aber noch alljährlich das Bassewitzfest am Montag nach Invokavit.

Früher fand am Vormittag des Bassewitztages in der evangelischen Marienkirche ein Gottesdienst statt. Beim Verlassen der Kirche erhielt jeder Kirchenbesucher ein „Rundstück", eine große Semmel. Die städtischen Beamten und die größeren Schulkinder bekamen kleine Geldgeschenke. Die Büros der Stadt hatten Feiertag. In den Familien und Bäckereien wurden „Hedwecken" (heiße Wecken) gebacken, ein semmelartiges Gebäck mit Rosinen und Zucker. Beim Bassewitzfest war es früher Sitte, daß der Bürgermeister mit einem Messer einen Schnitt in das Kriegskleid des Ritters tun mußte, weshalb von diesem fast nichts mehr übrig geblieben ist.

## Das Bassewitzfest zu Kyritz

Seit fünf Jahrhunderten feiert Kyritz dieses Dankfest. Jedesmal, wenn man das Fest hat aufheben wollen, sollen große Unglücksfälle über die Stadt gekommen sein. Nur zweimal hat man den Montag nach Invokavit ohne Rundstücke, Gottesdienst und Spenden vorübergehen lassen, und beide Male brach am Dienstag darauf Feuer aus, das die halbe Stadt in Asche legte. Heute stehen die Häuser ganzer Straßen auf einer einen Meter hohen Schutt- und Ascheschicht.

Wie wohl alle mündlichen Überlieferungen wird auch dieser Bericht gewöhnlich als eine Sage aufgefasst. Es ist natürlich unmöglich, daß mit den einfachen Behelfsmitteln der damaligen Zeit in etwa fünf Tagen ein unterirdischer Gang durch oder von dem Sumpf der Bullenwiese nach der Marktmitte vorgetrieben werden konnte. Doch befindet sich neben einem Mauerdurchbruch in der Stadtmauer ein Spitzbogengewölbe. Es sieht aus, als ob dort ein jetzt zugemauertes Geheimtor gewesen wäre. Dort mündet aber ein Entwässerungskanal aus dem Stadtinneren. Er funktionierte bis zum Bau der Kanalisation und stammt sicher aus dem Mittelalter. Ein ähnlicher Kanal führte vom Markt zum Wallgraben. Es ist nicht unmöglich, daß es Bassewitz gelungen war, nachts in diesen tatsächlich verhältnismäßig großen Kanal zu gelangen und ihn für seine Zwecke auszunutzen.

Kyritz

# Die Hexe von Kyritz

In Kyritz lebte vor vielen Jahren eine alte Frau, der man damals nachsagte, daß sie eine Hexe sei. Sie konnte vielerlei Zauberkünste und wußte vor allen anderen über alles Bescheid.

Sie konnte sogar in die Zukunft sehen. So wußte sie auch ganz genau vorher, wann sie sterben würde. Als der Tag gekommen war, bestellte sie sich einen Sarg beim Tischler, obwohl sie recht gesund und munter aussah. Der Tischler brachte den Sarg und stellte ihn in die Stube. Der Meister wunderte sich zwar, denn er hatte noch von keinem Todesfall in diesem Haus gehört. Sie sagte ihm darauf, daß dieser Sarg für sie selbst sei. Da wunderte sich der Tischler noch mehr, und weil ihm das alles unheimlich vorkam, ging er ohne weitere Frage davon.

Die Hexe schickte nun ihren Mann hinaus zu ihrem Bienenstock, um nach dem Rechten zu sehen. Der Mann sah, daß die Bienen schwärmen wollten, und rief seine Frau heraus. Als sie aber nach mehrmaligem Rufen nicht kam, ging er ins Haus zurück und fand die Alte tot im Sarg liegen...

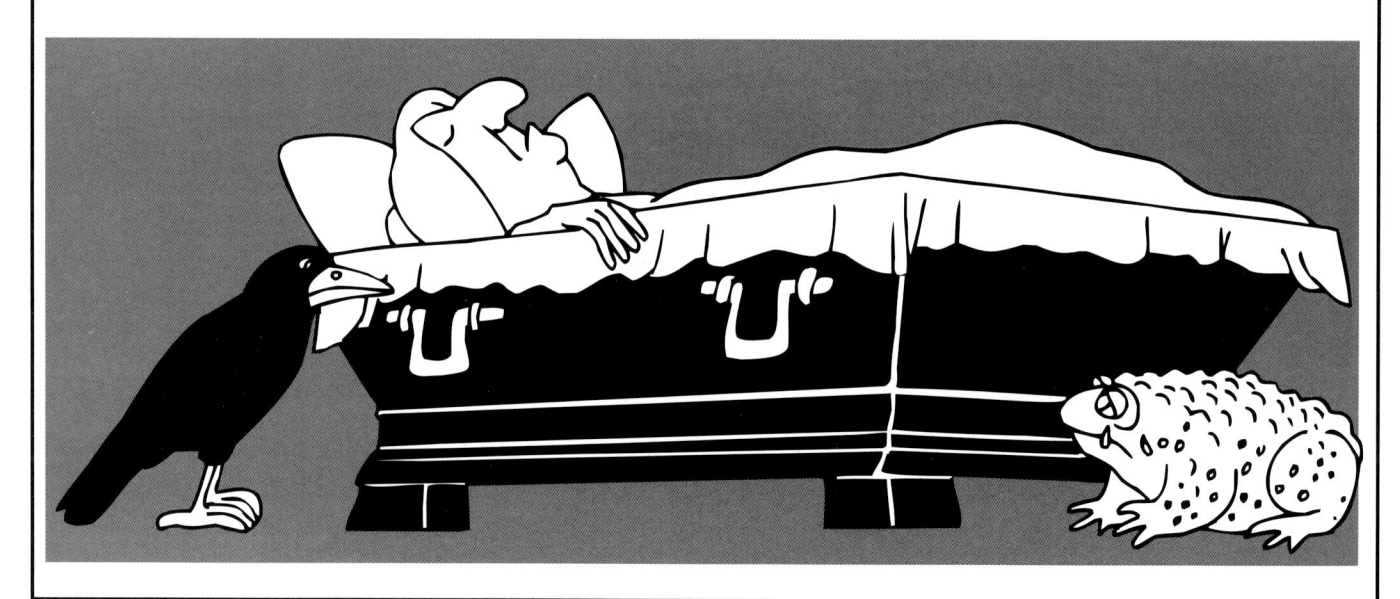

## Der Hexenmeister von Kyritz

Vor vielen Jahren soll es in Kyritz einen Hexenmeister gegeben haben, der jede Hexe bannen konnte. Hatte er eine Hexe entdeckt, die ein Stück Vieh verzaubert hatte, so konnte er sie in seinem Spiegel sehen und zwang sie darauf, vor dem Schindkarren voranzugehen, auf dem das verhexte Tier lag. Da es früher öfter vorkam, daß die Leute glaubten, ein verendetes Haustier sei behext worden, liefen sie zu diesem Hexenmeister, um in seinem Spiegel das Antlitz der vermeintlichen Hexe zu sehen.

Auf dem Wege zum Hexenmeister konnten die betroffenen Leute beobachten, wie die Hexe in Gestalt eines Hasen ihnen hinterherlief. Kamen sie nun wieder zurück, nahm die Hexe wieder ihre menschliche Gestalt an, so daß jeder sofort wußte, wer das Vieh verhext hatte.

Es war für eine Frau in früherer Zeit nicht ungefährlich, als Hexe bezeichnet zu werden. Nach langwierigen Hexenprozessen und Folterungen starben viele Unschuldige auf dem Scheiterhaufen. Erst als Friedrich Wilhelm I. den Thron bestieg, erließ er eine Verordnung, nach der in diesen Prozessen nicht auf ungewisse Angaben hin zu urteilen sei, alle Urteile in diesen Prozessen ihm vorgelegt werden sollten, und alle Brandpfähle, an denen Hexen verbrannt seien, entfernt werden mußten. Aber erst unter Friedrich II. hörten die Hexenprozesse gänzlich auf.

# Die Erschießung der Bürger Schulze und Kersten

Nach dem unglücklichen Ausgang der Schlacht bei Jena und Auerstädt hatte sich gegen Ende des Monats März 1807 in Kyritz das Gerücht verbreitet, der Major von Schill sei von Kolberg her mit einem starken Korps Preußen im Anzuge, um die Mark von den Franzosen zu befreien, und er selbst und noch Tausende der Seinigen würden sehr bald in Kyritz eintreffen.

Als diese Nachricht am 31. März allgemeiner wurde, erstattete der Magistrat sogleich dem französischen Kommandanten der Prignitz Lefebré in Perleberg pflichtgemäß Meldung. Auch wurden die Torwachen verstärkt, obwohl die Wächter keine Waffen tragen durften.

Am selben Abend langten auch am Wusterhausener Tor einige Bauernwagen mit etwa 25 Soldaten an. Die Soldaten verjagten die unbewaffnete Torwache und besetzten das Tor. Der Anführer wies sich mit einer gefälschten Ordre des Schill aus, wonach er alle in der Stadt vorhandenen Uniformstücke in Empfang nehmen sollte. Dem Regimentsschneider nahmen sie darauf weitere Uniformstücke ab.

Bei ihrem Aufenthalt in der Stadt hatten die Soldaten auch erfahren, daß sich hier ein Aufkäufer des französischen Proviantamtes, ein Jude Hirsch aus Berlin, aufhielt, dessen Gelder sie zu beschlagnahmen beschlossen. Dieser Aufkäufer wohnte im Hause des Kaufmanns Kersten, mit dem er in Geschäftsbeziehungen stand. Gegen den Willen seines Gastgebers versteckte Hirsch nun mit seinem Gehilfen Belitz 1500 Taler in einem Faß in dessen Stube und unter einem Großvaterstuhl in Kerstens Zimmer.

Wahrscheinlich hatte Belitz dies dem Anführer der Soldaten verraten. Sogleich wurde das Haus des Kaufmanns Kersten von den Soldaten durchsucht und in den angegebenen Verstecken gefunden. Mit dem Geld und den Uniformstücken verschwanden die Soldaten darauf aus Kyritz.

Der Jude Hirsch fuhr dann nach Berlin zurück, und der Magistrat machte den vorgesetzten Behörden seine dienstliche Meldung über diese Vorgänge. In Kyritz war wieder alles ruhig, und man hielt die Sache für abgetan.

## Die Erschießung der Bürger Schulze und Kersten

Am 5. April erschien plötzlich ein französisches Kommando von 30 Dragonern und 36 Mann Infanterie in der Stadt. Am nächsten Morgen folgte noch eine französische Gerichtskommission, die auf besonderen Befehl des Statthalters der Mark entsandt war, um in der Angelegenheit Hirsch ein „Exempel zu statuieren". Hirsch hatte sich nämlich sogleich nach seiner Rückkehr in Berlin zu dem Statthalter begeben und die Klage über die Stadt Kyritz bei ihm vorgebracht.

Die Mitglieder des Magistrats und der Kaufmann Kersten wurden verhaftet und im Rathaus eingesperrt. In den anschließenden Vernehmungen und der Hauptverhandlung wurden sie beschuldigt, mit den Soldaten im Einverständnis gewesen zu sein und nicht pflichtgemäß alles Erforderliche veranlaßt zu haben, um die Vorgänge zu verhindern. In nicht öffentlicher Sitzung kam das Gericht zu folgendem Urteil: Der Kaufmann Kersten, der Stadtkämmerer Schulze und die beiden Kürassier Fischer und Treu (Anführer der Soldaten, die aber geflohen waren) wurden für schuldig erklärt und zum Tode verurteilt.

Die Stadt Kyritz wurde zum Ersatz der gestohlenen Summe und zur Tragung der Gerichts- und Reisekosten in Höhe von insgesamt 2000 Talern verurteilt.

In den frühen Morgenstunden des 8. April 1807 wurden Karl Friedrich Kersten und der Kämmerer Karl Friedrich Schulze durch ein Militärkommando auf dem freien Feld vor der Stadt erschossen. Die Leichname mußten sofort an Ort und Stelle beerdigt werden. Die Hinterbliebenen durften keine Trauerkleidung tragen. Die gesamte Bürgerschaft in Kyritz war entsetzt.

Erst im Jahre 1846 konnte unter Anteilnahme der gesamten Bürgerschaft an der Mordstelle das noch heute dort befindliche Denkmal aufgestellt werden.

# Der Schmied von Läsikow

Läsikow ist ein altes slawisches Runddorf, neben der Straße zwischen Nackel und Vichel gelegen. Vor dem Dorf stand einst die Schmiede. Mitten im Dorf steht die Kirche auf einem Hügel, dahinter eine sehr alte Eiche. Auf der anderen Seite stand jahrhundertelang ein noch älterer Baum, eine Linde. Die war ein beliebter Treffpunkt. Man konnte sie zwar von den meisten Häusern aus sehen, aber nicht richtig erkennen, wer dort saß, weil die Äste weit herunterhingen. Der ehemalige Schmied in Läsikow, Max Seeger, erzählte, daß sein Großvater, der ebenfalls Schmied war, immer wieder auch unter der Linde saß. Oft war bei ihm ein alter Mann, der nicht aus dem Dorfe war, sich hier aber gut auskannte.

Eines Abends sagte er zu dem Schmied, er solle seine drei Kühe von der Luchwiese holen, denn es wird viel Wasser geben. Max Seegers Großvater wollte es erst nicht glauben, denn das Wetter war sehr heiß, und die sonst feuchten Wiesen waren völlig ausgetrocknet. Trotzdem warnte Max Seegers Großvater die anderen Viehbesitzer im Ort, doch die lachten ihn nur aus.

Der Schmied holte aber doch seine drei Kühe hoch ins Dorf und ging schlafen. In der Nacht gab es ein fürchterliches Gewitter, man konnte vor Regen kein Nachbarhaus sehen. Blitze zuckten, es krachte fürchterlich, und der Regen ergoß sich wie aus Kübeln über den Ort.

Am nächsten Morgen sahen alle nach ihren Kühen, doch die steckten bis zum Bauch im Modder. Fluchend trieb man die erschöpften Tiere nach oben in die Ställe, wo die drei Kühe vom Schmied aber bereits sicher und trocken das Unwetter überstanden hatten. Jetzt fanden es alle praktisch, den Alten nach dem Wetter oder auch wegen anderer Sachen zu fragen. Irgendwann hat man ihn aber nicht mehr in Läsikow gesehen. Er hatte übrigens noch gesagt: „Mit der Linde ist Frieden." Als diese Linde dann auseinandergebrochen war, brach der Erste Weltkrieg aus...

## Die Vichelschen Kinder

Vor mehr als hundert Jahren heiratete ein Bauer aus Lögow eine Witwe aus dem südlich von Wildberg im damaligen Kreise Ruppin gelegenen Dorfe Vichel. Sie brachte zwei Kinder mit in die Ehe, die sie über alles liebte. Dem Bauern aber waren die Stiefkinder ein Dorn im Auge, und da sie von ihrem verstorbenen Vater Geld besaßen, hätte er sie am liebsten beiseite geschafft und ihnen ihr Geld genommen. Darüber grämte sich die Mutter sehr, ward krank vor Gram und starb.

Nun trieb der hartherzige Vater die kleinen Kinder, dürftig bekleidet, in die kalte Winternacht hinaus und sagte: „Jetzt schert euch nach Vichel!"

Weinend gingen die Kinder ab, setzten sich unterwegs im verschneiten Walde nieder, um auszuruhen, und erfroren. Man fand sie, und der hartherzige Stiefvater wurde bestraft und endete sein Leben an der Karre.

Die Kinder aber gehen noch oft den Weg, um ihre Mutter auf dem Kirchhof zu besuchen. Sie gesellen sich stillschweigend zum Wanderer und gehen auch schweigend neben ihm her. Verscheucht man sie, so bereiten sie Unglück; läßt man sich mit ihnen in ein Gespräch ein, so kann man unbehelligt weitergehen.

Der alte Schäfer vom nahegelegenen Emilienhof hat sie gesehen; ihm haben sie ihr Schicksal erzählt, und er hat es zur Warnung den Dorfbewohnern weitererzählt.

Lögow

# Das Schlüsselbuch

Zu Anfang des 19. Jahrhunderts lebte in Lögow im Kreise Ruppin eine Witwe mit Namen Berkholz. Sie wurde vom Gute unterhalten und wohnte in einem alten, zerfallenen Gebäude. Im Dorfe wurde sie nur „Mutter Berkholz" genannt und stand in dem Rufe, daß sie Diebe entdecken könne. Zu diesem Zwecke besaß sie ein „Schlüsselbuch". Es war ein altes Gebetbuch, das sie von „Enn to Wenn", das heißt, vom Ende bis zum Anfang, durchgelesen hatte. Das Gebetbuch hatte ein Mörder auf seinem letzten Gange benutzt, und vom Urgroßvater der Witwe her hatte es sich fortgeerbt. Kam jemand zu Mutter Berkholz, um einen Dieb ausfindig machen zu lassen, so forschte sie genau nach den Umständen, unter denen der Diebstahl geschehen war, und hieß ihn am Freitag um Mitternacht wiederkommen. Sie setzte sich dann ihre große Hornbrille auf, verhüllte das Licht und nahm das „Schlüsselbuch" mit feierlicher Miene aus dem Koffer. Sie legte das starke Buch so hin, daß die Blätter von einer Seite zur anderen schlagen mußten, und rief, indem sie drei Kreuze schlug:

*„Schlüsselbuch, ich tu dich fragen*
*Ob du mir den Dieb kannst sagen!"*

Das geschah dreimal schnell hintereinander, und während dieser Zeit hatte der Bestohlene die Namen der Verdächtigen ganz schnell zu sprechen. Bei welchem Namen nun die Blätter stehen blieben, das war der Dieb.

War die Sache versehen, oder hatte sich das Schlüsselbuch nicht deutlich erklärt, so mußte die Frage am nächsten Freitag um die gleiche Zeit wiederholt werden. In dringenden Fällen gab auch das Schlüsselbuch am Sonntag unter der Predigt Antwort.

Die Kraft des Schlüsselbuches lag darin, daß der Raubmörder in der Nacht des Freitags in dem Buche gelesen hatte und durch die Gebete bekehrt worden war...

Lohm

# Der Kobold auf der Kempe

Einst gab es in Lohm zwei Herrenhäuser. Sie gehörten der adligen Familie von Kröcher. Seit 1337 war diese Familie hier ansässig. 1512 und 1522 wurde ein Wohnsitz der von Kröcher gebaut. Heute gibt es noch zwei Herrenhäuser in Lohm. Das eine Herrenhaus wurde 1606 am sogenannten Borgwall erbaut und wurde Lohm II genannt. Das andere Haus stammt aus dem Jahr 1737. Hinter dem Herrenhaus lag ein schöner Park. Aber auch sagenhafte Geschichten werden in Lohm erzählt:

Ein Bauer, der auf der Kempe wohnte, hatte in Lohm Stroh geholt. Auf dem Heimweg vermochten die Pferde die Last nicht mehr zu ziehen, obwohl der Bauer nicht viel geladen hatte. Schuld war der Lohmer Kobold, der es sich oben auf der Fuhre bequem gemacht hatte. Bis zur Kempe mußten sich die armen Tiere quälen.

Doch es kam noch schlimmer. Der Kobold trieb nun hier sein Unwesen. Aßen die Leute Abendbrot, warf er Steine zum Fenster hinein. Sie waren so groß wie Hühnereier, hinterließen in den Scheiben aber nur haselnußgroße Löcher. Merkwürdig war auch, daß nie Leute von den Steinen getroffen wurden. Irgendwann ist der Kobold aber wieder verschwunden.

# Eine Spukgeschichte aus Lohm

In Lohm bei Neustadt, so berichtete einst ein Mann aus Friesack, hat es bei dem Schulze Fritze gespukt. „Mein Großvater ist da mal abends mit einem Freund gekommen, da haben sie auf der Straße einen Kater gesehen, der hatte ein Paar große Augen, wie Feuerkugeln. Als sie herankamen, sprang der Kater hoch, hat sich auf zwei Beine gestellt und ist dann über das Haus gesprungen.

Als das bekannt wurde, sind Leute und auch Polizeibeamte aus Berlin gekommen, und meines Großvaters Vater auch. Als sie vor dem Haus standen, da kamen Steine herausgeflogen, andere flogen in das Haus hinein. Und da sind viele hingekommen und wollten wissen, was das war; aber sie haben es nicht herausgefunden!"

# Das Wappen derer von Kröcher

Das in Lohm und Roddahn bei Havelberg seit alters her ansässige Adelsgeschlecht der von Kröcher wird schon 1274 urkundlich bezeugt, als der Havelberger Bischof vom Markgrafen von Brandenburg den Wald von Roddahn kaufte.

Das Wappen der von Kröcher zeigt auf blauem Grund ein silbernes Kamel. Das erinnert an eine Begebenheit, die sich auf einem Kreuzzug im fernen Morgenland zugetragen haben soll.

Zwei Ritter von Kröcher machten einst mit wenigen Mannen eine Streife durch die Wüste. Da sahen sie eine Heidenschar auftauchen, in deren Mitte schritt ein hochbeladenes Kamel. Als man näher kam, entdeckte man oben auf dem Kamel eine gefesselte Christenfrau. Sogleich legten die Ritter die Lanzen ein und griffen die Heiden stürmisch an. Nach hartem Kampf wurden diese in die Flucht geschlagen. Nun befreiten die von Kröcher die Christin und geleiteten sie in die nächste christliche Stadt des Morgenlandes. Zum Andenken daran führen die von Kröcher seither das Kamel im Wappen.

# Sagenhaftes aus Mechow

Der Siebengraben, der unter der Dorfstraße hindurchfließt und dann in den Wiesen entlang im Königsfließ mündet, hat seinen Namen, so erzählt man in Mechow in der Prignitz, durch eine Geistererscheinung erhalten.

Wenn früher in der Walpurgisnacht, der Nacht vom 30. April zum 1. Mai, die Hexen nach dem Blocksberg ritten, so konnte man in diesem Graben eine Sau mit sieben Ferkeln entlangtraben sehen. Lief man aber näher hinzu, so war sie plötzlich verschwunden. Seither heißt der Graben in Mechow der „Siebengraben".

In den beiden Kiesgruben bei dem Dorfe Mechow soll es auch nicht ganz ungefährlich sein. Manchmal sieht man dort ein schwarzweißes Kalb umherrennen oder einen schwarzen Hund vorbeilaufen.
In der einen Kiesgrube aber soll ein reicher Goldschatz verborgen sein. Er liegt in einem eisernen Kessel, der über einem großen Feuer hängt.
In der Johannisnacht, dem 24. Juni, kann man den Schatz heben; man darf aber dabei kein Wort sprechen. 

Einmal haben zwei Leute aus Mechow nach dem Schatz gegraben. Als sie schon den Gold-Kessel sahen, kam jedoch der schwarze Hund gelaufen. Da rief der eine Mann voll Schreck: „Wat is dät?"
Da war alles wieder verschwunden, und die beiden Männer mußten unverrichteter Dinge nach Hause gehen.

# Wie Metzelthin zu seinem Namen kam

Die erste schriftliche Erwähnung des Angerdorfes Metzelthin stammt aus dem Jahr 1293, aber bereits 1160 wird ein Marod von Musithin als einer der Ritter und Lehnsvasallen der Grafen von Lindow erwähnt. In einer Urkunde der Stadt Wusterhausen von 1293 wird der Ort „Mutzelthin" und „Mützelthin" genannt.

Noch vor hundert Jahren konnte man die Lage einer alten Burg erkennen, die von einem Graben umgeben war. Als man später die Straße verbreiterte, wurde der Graben zugeschüttet. Der Burgwall wurde mit Bäumen bepflanzt und mit der Zeit eingeebnet.

Nach Erzählungen und Berichten der alten Metzelthiner verschaffte ein kriegerisches Ereignis um die Burg dem Dorf auch seinen etwas seltsam anmutenden Namen. Um diesen festen Ort gab es mehrere Male Kämpfe zwischen verfeindeten Gruppen. Einmal aber ging es den Störenfrieden von auswärts mächtig an den Kragen. Die Verteidiger der örtlichen Burg konnten einen von den Angreifern erwischen und fesselten ihn, damit er nicht entkommen konnte, an eine dicke Eiche - mitten im Dorf.

Die ganze Wut der Einheimischen richtete sich nun gegen diesen Gefangenen.

Die Beratung, was mit ihm geschehen sollte, dauerte nicht lange. Alle waren sich schnell über sein zukünftiges Schicksal einig und riefen im Chor: „Weg mit ihm! Metzelt ihn!" Und auch die Frauen forderten: „Metzelt ihn!" Und so soll der Name entstanden sein.

Natürlich konnten sich die Sprachwissenschaftler, unter ihnen auch der ehemalige Kyritzer Dr. A. Graf, damit nicht zufrieden geben. Sie führen den ursprünglich „Muceltyn" oder „Mucelitin" geschriebenen Ortsnamen auf einen altslawischen Familiennamen Mysiota zurück, der ins Deutsche übersetzt „der Besonnene oder Nachdenkliche" bedeutet. Diese slawische Grundform wandelte sich im 16. Jahrhundert zu „Misseltin", was der heutigen Schreibweise schon recht nahe kommt.

# Der Unfall des Herzogs zu Lüneburg

In der Nähe von Nackel ereignete sich am 20. Mai 1912 auf der Hamburger Chaussee in der Nackeler-Wutzetzer Heide ein Automobilunfall, bei welchem der Prinz Georg Wilhelm, Herzog zu Braunschweig und Lüneburg, sein Leben lassen mußte. Ein bescheidenes Denkmal erhebt sich heute an dieser Stelle mit Namen der Toten und dem Spruch:
„Ich weiß, daß mein Erlöser lebt."
Der Herzog war auf der Fahrt zu den Trauerfeierlichkeiten des Königs von Dänemark begriffen und saß selbst am Steuer. Neben ihm sein Kammerdiener Greve. Wenige Meter von der Unglücksstelle befand sich eine Chausseeschüttung. Der Wagen, der mit hoher Geschwindigkeit fuhr, kam bei der Fahrt über diese Schüttung ins Schleudern, fuhr mit voller Wucht in den Chausseegraben, riß einen Baum aus und fuhr mehrere Bäume an. Durch diesen gewaltigen Aufprall wurde dem Herzog durch das Steuerrad der Brustkasten eingedrückt. Der Kammerdiener schlug rücklings auf das Polster und brach das Genick. Beide waren tot. Hinten im Auto saß der Chauffeur. Er kam mit leichten Verletzungen davon. In der Kirche zu Nackel wurde eine Trauerfeierlichkeit abgehalten. Darauf fand die Überführung vom Friesacker Bahnhof aus nach Gmunden statt. Unter anderen Fürstlichkeiten nahm auch der Prinz August Wilhelm aus dem Hohenzollernhause an den Trauerfeierlichkeiten teil.

In der Stadt Friesack waren viele Bürger, die innige Teilnahme an dem Unglück bezeugten. Das Haus Lüneburg zeigte sich dankbar, und manche goldene Nadel, mit Brillanten und den Buchstaben G. W. geschmückt, wurde vom Herzoghaus einzelnen Persönlichkeiten als Geschenk überreicht. Ein Friesacker Arzt erhielt für seine Mühewaltung ein Geldgeschenk und ein Dankschreiben. Die Gemeinde Nackel erhielt eine neue Leichenhalle, die noch heute zu den Schönsten des Kreises gehört.

Nicht lange darauf verheiratete sich dann die Prinzessin Viktoria Luise von Preußen mit dem Herzog Ernst August von Cumberland, dem Bruder dieses auf so tragische Weise ums Leben gekommenen Fürsten.

# Das Gericht von Nackel

Dort, wo der von alten Weiden umsäumte Weg von Nackel nach Rohrlack auf die alte Heerstraße stößt, liegt linkerhand ein unbestelltes Dreieck, das „Gericht". Es war in alten Zeiten eine Hinrichtungs- und Beerdigungsstätte für Mörder und Selbstmörder.

Nach einem Auszug aus dem Nackeler Kirchenbuch von 1740 steht fest, daß die Magd Dorthe Lisbeth Mücke, die im Dienste des Fräulein von Lüderitzen stand, *„ihr heimlich geborenes Kind mit etliche mahl um den Halß zugezogenen Schnur selbst als eine rechte Raben Mutter umgebracht, welches aber der gerechte Gott sofort des anderen Tages früh ließ kund werden, drauf sie ihren gebührenden Lohn empfangen, sie enthauptet, der Leib auf dem Rade geleget und das Haupt oben aufgenagelt wurde. Dieser schröckliche Anblick mög allen, die es sehen oder davon hören, von solchen und anderen Sünden nachträglich abschräcken"*. Im selben Jahr ist auch die Selbstmörderin Margarete Sophie Wagener *„vom Scharfrichter im Sack auf einem Schlitten nach der Gerichtsstätte gefahren und begraben"*.

Friedrich der Große hat den Ortsgerichten das Blutgericht entzogen und die Strafgerichtsbarkeit neu geordnet. So waren es wohl die letzten unglücklichen Menschen, die dort ihre Ruhestätte fanden. Doch im Laufe der Jahrzehnte wurde durch das Weitererzählen in leichtfertiger Ungenauigkeit und phantasieentstellt von einer Zigeunerschen berichtet, die ihr Kind den Säuen vorgeworfen habe. Zwei Joch Ochsen hätten die Kindstöterin auseinandergerissen...

Noch vor einem halben Jahrhundert, so berichtet der Chronist Arthur Rogge, setzten sich Männer und Frauen beim Vespern nicht in das hohe Gras beim „Gericht", denn demjenigen würde ein Unglück zustoßen.

Man erzählt sich von manch sonderbaren Erleben dort. So sei vor vielen Jahren einmal spät nachts eine angeheiterte Jagdgesellschaft von Garz nach Barsikow gefahren. Sie mußte vorbei am „Gericht". Als die Pferde über den Kreuzweg kamen, fiel sie ein Zittern an. Der Wagen hielt. „Hoho", schrie der Nimrod, „ihr haltet mir gerade recht beim Gespenst, hahahah!"

Und damit kletterte der Jägersmann vom Wagen, ging aufs „Gericht" zu und erleichterte an dieser, dem Tode geweihten Stätte seinen bierschweren Leib. Wie er wieder auf seinen Sitz steigen wollte, zogen die Pferde plötzlich an, wie von unsichtbarer Hand gepeitscht. Der Ruck warf den Übermütigen vom Wagen. Niemand seiner Jagd- und Fahrtgenossen hatte das in der stockfinsteren Nacht in biermüder Stimmung beobachtet. Jedenfalls hatte er sich das Genick gebrochen.

## Das Gericht von Nackel

Um dieses „Gericht" spukte es noch lange. So berichtet Arthur Lange aus eigenem Erleben. Es war an einem dunklen Herbstabend des Jahres 1907. Er kam von einem gemütlichen Skatabend beim Lehrer Haynau aus Läsikow und mußte den einsamen Weg am „Gericht" vorbei nach Rohrlack gehen:

„Es war Mitternacht. Kein Stern am Himmel. Furcht und Grauen kannte ich nicht. Als ich mich dem ‚Gericht' näherte, kamen mir natürlich Erinnerungen an all das, was an Spukgeschichten im Schwange war. Da, was sehe ich? Saß da nicht auf dem schmalen Sandstein des Wegweisers ein dicker, schwarzer Kopf? Noch schwärzer als die düstere Nacht! War das der Spuk am ‚Gericht'? Sollte es trotz aller sogenannten Aufklärung hier dennoch spuken? Ich wollte der Sache auf den Grund gehen, faßte meinen Handstock fester und ging auf die gruselige Gestalt zu. Und da sprang doch völlig unerwartet ein schwarzes Etwas vom Stein beim ‚Gericht' herunter und lief quer über den Kreuzweg! Na, das kann doch nur eine Katze sein, ging's mir durch den Kopf. Aha! Die märchenhafte Hexe in Katzengestalt! Doch mein Staunen wuchs. Da war, wie aus dem Boden gestampft, ein großer Hund. Das wurde doch immer sonderbarer. Er nahm Partei für mich, stürzte auf die Hexenkatze los, jagte sie auf den nächsten Baum. Ich schüttelte den schwachen Baum recht kräftig, und die Katze fiel dem Nachthund in den geöffneten Rachen. Ihre Knochen krachten, er hatte sie über dem Rückgrat gepackt.

Ein schrecklicher Todesschrei, und die schwarze Hexenkatze war dahin und mit ihr der Spuk. Keine Hexe fuhr aus der Katze."

Ob's nun endgültig vorbei sein wird mit der „Spökerei" am „Gericht"?

Seit 1986 führt ein Wirtschaftsweg direkt am „Gericht" vorbei. Wegen der Abkürzung nach Rohrlack bzw. Neuruppin benutzen ihn auch viele PKW- und Motorradfaher. Sollte nun jemand allein um Mitternacht diesen Kreuzweg passieren und es platzt ein Reifen, dann hat es bestimmt wieder „gespökt"...

Nackel - Läsikow - Rohrlack - Friesack

# Die „Einsame Eiche"

Sechs- bis siebenhundert Jahre soll sie alt gewesen sein, als sie 1945 durch Alter und Blitzschlag starb. Sie war ein Richtungsweiser im gleichförmigen platten Rhinluch, eine alte mächtige Eiche, die alles weithin überragte. Als dieses Gebiet noch aus Sumpf und Wasser und einigen erhöhten Horsten und Sandstellen bestand, dehnten sich die Zootzen (slawisch: Kiefern) bis weit ins Luch nach Westen aus. Bei der Kanalisierung des Rhins 1936 fand man viele Baumreste von Eichen, Knochen von Elch und Wisent, Steinbeile und Speerspitzen. Diese Beweise sind Zeugen, daß es hier schon vor mehr als zweitausend Jahren Menschen gab, die hier jagten und fischten. Zuerst waren es Germanen vom Stamme der Semnonen. Während der allgemeinen Völkerbewegung im 5. Jahrhundert rückten slawische Volksstämme (auch Wenden genannt) nach und siedelten sich hier an. Rings um das Rhinluch waren es die Liutizen. Die Dorfanlagen von Wutzetz, Läsikow und Vichel machen es durch ihre „Rundlinge" heute noch sichtbar. Aber auch die anderen Orte sind slawischen Ursprungs, schon die Namen sagen es: Nakel = feuchter Ort oder auf dem Sumpf erbaut, Rohrlack, = rur lake = Schilfloch (1.Teil niederdeutsch, 2. Teil slawisch). Die Siedlungen lagen alle am nördlichen Rande des Luches (ebenfalls aus dem slawischen Wortschatz: lug = Sumpfboden, Grassumpf). Auf höher gelegenen, sandigen Stellen entstanden Wege zur „Einsamen Eiche", die an der „Passe" stand. Die „Passe" war ein Verbindungsweg, der von Manker zur alten Poststraße Berlin - Hamburg führte. So zogen oft Menschen an der „Einsamen Eiche" vorbei. Vor der Christianisierung waren es noch Jäger und Fischer, die mit Pfeil und Bogen oder mit dem Speer auf Jagd in die Zootzen gingen oder mit Netz und Harpune im Rhin fischten.

Später, im 13. und 14. Jahrhundert, sah man sicher Mönche wandern. Bei uns waren es die Prämonstratenser mit weißer Kutte, aber Franziskaner mögen hier auch gewandelt sein und haben, vielleicht im Schatten der Eiche, Rast gehalten. Ritter, denen das Land als Lehen für treue Kriegsdienste bei der Eroberung der Mark Brandenburg übereignet wurde, zogen ebenso an der „Einsamen Eiche" vorbei. So war es für die Quitzows aus Friesack der kürzeste Weg nach Fehrbellin oder Neuruppin. Sie passierten den „Thamb", einen Knüppeldamm über Damm zur Passe. So kann es auch nicht verwundern, daß die Legende erzählt wurde, daß der Große Kurfürst im Juni 1675 vor Beginn der Schlacht bei Fehrbellin noch unter der „Einsamen Eiche" gefrühstückt haben soll.

## Die „Einsame Eiche"

Die „Einsame Eiche" hat in den Jahrhunderten ihres Lebens viel gesehen, auch den Bau des Rhinkanals durch den Reichsarbeitsdienst 1936. Damals entstand auch die Holzbrücke.
Dem Läsikower Einwohner Heinrich Görs, der später Konrektor in Neuruppin war, verdanken wir das Gedicht von der „Einsamen Eiche":

Einsam eine Eiche steht
Auf der weiten Flur.
Sturm, der durch die Krone weht
Ließ so manche Spur.

Fest und unerschütterlich
Ragt der edle Baum,
Vielen Tieren mütterlich
Gibt er Saft und Raum.

Falk' und Rabe, Kräh' und Specht
Auf dem Gipfel thront.
Mück' und Käfer schlecht und recht
Auf den Blättern wohnt.

Alle nimmt in seinen Schutz
Dieser Erdensohn.
Ohne Neid und Eigennutz,
Sieht nicht auf den Lohn.

Und er wendet sein Gesicht
Still dem Walde zu:
„Brüder, ihr verlaßt mich nicht!"
Und das gibt ihm Ruh'.

Nachdem die altehrwürdige „Einsame Eiche" 1945 durch Alter und Blitzschlag fiel, pflanzten heimatbewußte Bewohner der umliegenden Orte im Jahre 1948 eine neue „Einsame Eiche". Eine Flasche mit Urkunden wurde an ihren Wurzeln eingegraben.
Im Frühjahr 1982 entdeckte man mit Entsetzen, daß nicht nur die neugepflanzte „Einsame Eiche", sondern auch noch alle anderen 38 Bäume an der „Passe" gefällt waren.
Eine aufgeregte Suche begann, und schließlich wurden die Bäume in Friesack hinter den Scheunen auf dem Gelände der LPG gefunden.
Glücklicherweise fand sich dort auch die Flasche mit den Urkunden aus dem Jahre 1948.
1982 wurde dann die jetzige „Einsame Eiche" von treuen Heimatfreunden etwa 100 Meter vom ehemaligen Standort gepflanzt. Wieder wurde eine versiegelte Flasche mit den Urkunden unter einem Riesenfeldstein vergraben.
Möge die neue „Einsame Eiche" noch viele friedliche Jahre und Jahrhunderte erleben!

# Der Poetensteig in Neustadt an der Dosse

Am rechten Ufer des Schwenzeflüßchens, das früher einmal die Grenze zwischen Köritz und Neustadt bildete, gibt es den idyllischen Poetensteig, der zu DDR-Zeiten mit dieser Bezeichnung nur noch in der Erinnerung älterer Einwohner existierte. Nach der Wende erhielt der Steig seinen Namen zurück, und ein entsprechendes Straßenschild wurde installiert.

Wo der Name für diese poetische Bezeichnung herrührt, ist nicht belegt. Es gibt jedoch unter interessierten Leuten zwei Deutungen. Eine besagt, daß Theodor Fontane, der Neustadt in seinen „Wanderungen durch die Mark Brandenburg" erwähnt, diesen Weg entlang gewandert sein soll, als er das Friedrich-Wilhelm-Gestüt besuchte, welches die Führung in der brandenburgischen Pferdezucht übernommen hatte. Die andere Deutung besagt, auch der Dichter Heinrich von Kleist sei diesen Steig entlang gewandert. Heinrich von Kleist kannte den historischen Prinzen von Hessen-Homburg aus alten Überlieferungen und wußte daher, daß dieser als Herr von Neustadt dafür gesorgt hatte, daß dem kleinen Ort 1664 das Stadtrecht verliehen wurde. Bei einem Spaziergang über den Steig soll dem Dichter die Idee zu seinem Drama „Prinz Friedrich von Homburg" gekommen sein. Der Prinz hatte als Obrist während der Schlacht von Fehrbellin am 18. Juni 1675 einen entscheidenden Beitrag zum Sieg der Brandenburger über die Schweden geleistet. An seiner Seite kämpfte bekanntlich auch der Cornett Friedrich von Kalebutz aus Kampehl, dessen Verwundung aus dieser Schlacht noch heute gezeigt wird.

An diesen historischen Tag für die Mark Brandenburg erinnern das Denkmal in Hakenberg und das in Rathenow, die zu Ehren des Großen Kurfürsten errichtet wurden.

Der Große Kurfürst war es auch, der zahlreichen Hugenotten in Brandenburg eine neue Heimat gab, der Hugenottenfriedhof am Poetensteig erinnert daran.

Ein zweiter Friedhof am Poetensteig gehörte zum Kloster, das noch heute als soziale Einrichtung besteht.

Schönberg - Wulkow

# Der Bulle ist los!

Das Kreisblatt und der Generalanzeiger für den Kreis Ostprignitz berichtete am 8. September 1934 über das Opfer eines wütenden Bullen in unserem Landkreis:

„Zu der in Schönberg stattfindenden Bullenkörung entsandte das Wulkower Gut auch einen seiner schweren Bullen. Er wurde vom ersten Schweizer des Gutes, Lewin, geführt. Auf dem Heimweg geriet der Bulle in eine maßlose Wut. Der Schweizer kam in dem Chausseegraben zu Fall, dann fiel der Bulle über ihn her und richtete ihn arg zu. Er ließ erst von seinem Opfer ab, als auf der Chaussee ihm ein Radfahrer entgegen kam. Er stürzte sofort auf diesen los, so daß dem Radler nur noch der Wald als einzige Rettung übrig blieb. Radler, Motorräder und Autos mußten in den Wald hinein, während das Tier auf der Straße wühlte.
Später, als der schwer verletzte Schweizer schon mit dem Krankenwagen ins Krankenhaus gebracht worden war, hatte man allmählich so viele Menschen beisammen, daß man den Bullen angreifen konnte. Er wurde in schnellstem Tempo in Richtung Wulkow getrieben, wo er wieder im sicheren Stall eingefangen werden konnte.
Derselbe Bulle hatte im vergangenen Jahr schon einmal einen Führer angefallen und schändlich zugerichtet."

## Schönhagen

# Von einer Kriegskasse in Schönhagen

In Schönhagen war einst eine Poststation. Noch heute steht unweit der Kirche ein Meilenstein der Strecke Berlin-Hamburg. Viele Reisende kamen somit durch dieses Dorf. Es kamen aber nicht nur friedliche Fahrensleute, sondern auch allerlei Kriegsvolk, das in räuberischer Absicht den Ort passierte. Es wird erzählt, daß es im Jahre 1813 den Einwohnern von Schönhagen gelungen wäre, eine Kriegskasse der Napoleonischen Truppen zu erbeuten. Dabei soll der Zahlmeister der Franzosen erschlagen worden sein. Wo die Kasse mit dem Geld danach geblieben war, ist bis heute nicht bekannt, und der Mantel des Schweigens wurde darüber gehüllt.

1864 vernichtete ein großer Brand das halbe Dorf. Von diesem Unglück kündet eine Hausinschrift an einem der neu erbauten Fachwerkhäuser:

„Wir bauten nicht aus stolzer Pracht Der große Brand hat uns dazu gebracht."

Recht schnell wurden mit dem Holz der umliegenden Wälder die neuen Häuser und Ställe errichtet. Diese „Torhäuser" in Schönhagen sind sehr bekannt. Breite Hofeinfahrten führen durch die Fachwerkhäuser in den schönen Innenhof; die roten Ziegel und die grünen Fensterläden sind eine Pracht. In den Nachbarorten war man überrascht, wie schnell es den Schönhagenern gelungen war, die zerstörten Höfe wieder aufzubauen. So ist es nicht verwunderlich, daß sich ein Gerücht hielt, wonach die Mittel zum Wiederaufbau wohl aus der einst verschwundenen Kriegskasse stammen könnten...

Ja, Mitleid bekommt man geschenkt, aber Neid muß man sich schon erarbeiten!

# Aus der Schönermarker Chronik

Im Jahre 1336 belehnte Markgraf Ludwig den Herren von Seelen mit dem Dorf Sconemarke. Da der Ort kirchlicher Besitz des Bistums Havelberg war, wurde er während der Raubritterzeit vor größeren Plünderungen verschont, dafür aber im Dreißigjährigen Krieg total zerstört. Danach lebten in Schönermark in 4 Höfen nur noch 7 männliche Personen, davon waren 3 Kinder. Langsam stieg die Einwohnerzahl durch die Einwanderung von Siedlern aus der Altmark, Mecklenburg und nomadisierender Söldner. Den Siedlern wurde unentgeltlich Land gegeben, doch es fehlten Vieh und Saatgut.

Auch der Adel nahm wieder Besitz von seinen alten Rittergütern. 1717 kam ein Vergleich zwischen der Gemeinde Schönermark und den Gebrüdern von Röhr über die „Nutzung und Befahrung der Teichwiesen" auf der Grundlage eines Vergleichs aus dem Jahre 1522 zustande.

1744 wurden die Wiesen und Weiden durch die Regulierung der Jäglitz urbar gemacht. Auf die urbar gemachten Flächen kamen nun weitere Einwanderer aus Holstein, Holland und Frankreich. So entstand auch der Ort Sophienhof. 1777 tötete eine Viehseuche den gesamten Rinderbestand. 1819/1820 wurde das Domkapitel Havelberg aufgelöst, und damit wurden die Schönermarker Bauern frei. Infolge der Separation 1837-1856 wurden die gemeinsam genutzten Flächen (Wiesen, Weiden und Wald) aufgeteilt und die Höfe im Grundbuch eingetragen. Es wurde nun die Drei-Felder-Wirtschaft eingeführt, denn man erkannte, daß Humus für den Boden wichtig ist.

Die mittelalterliche Feldsteinkirche wurde 1886 mit dem Kanzelaltar von 1719 in neugotischer Form wiederhergestellt. 1840 wurde in Schönermark ein Schulhaus mit einem Klassenzimmer und zwei Zimmern und einer Küche für den Lehrer gebaut.

1910 kam elektrischer Strom ins Dorf. Elektromotore trieben nun die Dreschmaschinen an, und die alten Göpel oder Roßwerke verschwanden. 1914 erhielt Schönermark Dorfbeleuchtung.

Im Ersten Weltkrieg sind 23 Männer aus Schönermark für Kaiser und Vaterland gefallen. Zwei Kirchenglocken wurden für den Krieg eingeschmolzen.

Bis 1929, als im Ort die zentrale Wasserversorgung gebaut wurde, holten alle Bewohner ihr Wasser aus den bis zu 30 Meter tiefen Ziehbrunnen. So ein Ziehbrunnen stand in der Nähe des Dorfteiches und wurde 1892 mit einer Holzpumpe versehen. Als im Ort 1908 die Straße neu gepflastert wurde, schüttete man diesen Brunnen zu.

## Schrepkow

# Ein Geist in Schrepkow

Im Jahre 1807, als unsere Heimat von Kaiser Napoleon besetzt war, kamen einige französische Soldaten auch nach Schrepkow, um die Bewohner auszurauben. Doch die Männer des Dorfes wehrten sich und erschlugen in diesem Streit einen Franzosen. Als die Soldaten das Dorf verlassen hatten, wurde der Tote heimlich auf einem Bauernhof begraben.

Später wurde der Hof verkauft und bekam somit einen neuen Besitzer. Dieser saß nun eines Abends vor seiner Haustür und rauchte seine Pfeife. Plötzlich sah er eine Gestalt um das Haus gehen, die aber bald darauf verschwand. Diese Erscheinung beobachtete der Bauer danach mehrere Male, bis er einmal dem merkwürdigen Wesen bis zur Hausecke folgte, wo es aber wieder plötzlich verschwand. Der Bauer erzählte darauf aufgeregt den anderen Bewohnern von Schrepkow sein Erlebnis, und die Alten des Dorfes meinten nun, das könne nur der Geist des erschlagenen Franzosen gewesen sein.

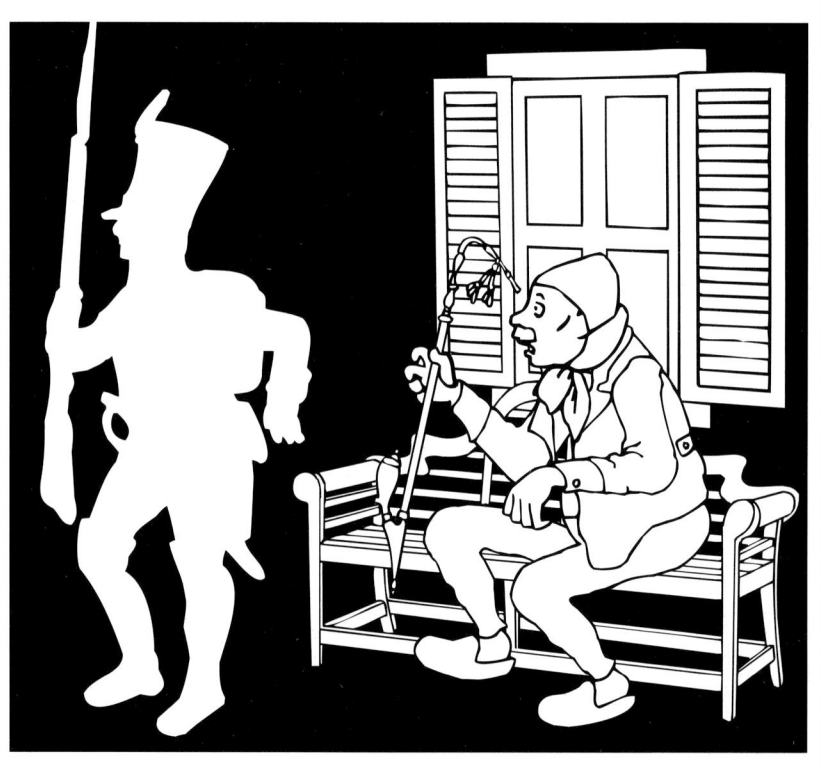

Als man viele Jahre später auf dem Hof eine Kartoffelmiete aushub, fand man in einem Meter Tiefe das Skelett eines Menschen. Man beerdigte die Überreste auf dem Friedhof in Schrepkow, und seit dieser Zeit ist der Geist des erschlagenen Franzosen in Schrepkow nie wieder erschienen.

# Aus der Chronik von Sechzehneichen

Nicht weit von Kyritz stehen sechzehn Eichen, die dem dort liegenden Ort seinen Namen gaben. Sechzehneichen liegt am Flüßchen Dosse an der Ostgrenze der Prignitz zum Land Ruppin. Im Zuge der Kolonisation unter König Friedrich II. wurden 1784 auf einer Feldmark, die bis dahin zu Kyritz gehörte und von den Kyritzern als Viehweide genutzt wurde, zwanzig Kolonistenfamilien angesiedelt. Die Kolonisten stammten aus anderen deutschen Ländern, so aus Schwaben, Anhalt-Bernburg und Sachsen.

Der Neuanfang für die Siedler war sehr schwierig, denn der Acker auf dieser Feldmark bestand aus kargem Sandboden. Außerdem ergaben sich jahrzehntelang dauernde Rechtsstreitigkeiten mit den Kyritzern. Diese respektierten die neuen Weidegrenzen wegen ihrer Gewohnheitsrechte nicht.

Viel schlimmer wirkte sich aber aus, daß das den Kolonisten zugeteilte Land nicht, wie vereinbart, 290 Morgen, sondern nur knapp 190 Morgen groß war. Die Sechzehneichener klagten gegen die Regierungsämter bis hin zum König, um ihr Recht zu bekommen. Doch sie konnten keinerlei Nachbesserung erreichen.

1819 kaufte die Kolonistengemeinde gemeinsam das Erbgut Mießner aus Stolpe für 13 000 Taler. Durch die Separation verloren die Sechzehneichener aber 1834 die Hälfte ihrer Weiden.

Um das Land gab es immer wieder Streitigkeiten. Eine im Wald eingeschlossene, zum Sankt Spiritus Hospital von Kyritz gehörende Ackerfläche trägt noch heute die Bezeichnung „Strietloch", da es ständig Streit darum gab, wer es pachten durfte.

Der erste Lehrer nach der Gründung der Schule in Sechzehneichen war ein Schneider, der neben seinem Handwerk die Schuljugend in seiner eigenen Wohnung unterrichtete. Dafür erhielt er von jedem Schüler pro Woche einen Groschen. Später unterrichtete seine Witwe. 1828 ist das erste Schulhaus im Ort erbaut worden, und der erste Lehrer, Herr Bünger, wurde von der Regierung angestellt. Seit 1843 wurden hier auch die Kinder aus Tornow unterrichtet.

## Segeletz - Wildberg

# Die verwünschte Prinzessin

Zahlreich sind noch immer die sogenannten Burgwälle im Ruppinschen. Oft liegen sie inmitten von Wiesen, waren also offenbar früher von Wasser umgeben. Zu einem der festesten und eigentümlichsten gehörte der Wildberger, um den sich im Osten ein Wasser, die Temnitz genannt, schlängelte, während er von der anderen Seite durch Sumpf unnahbar war. Zwar sind die letzten Reste der Burg schon im 18. Jahrhundert verschwunden, aber noch immer erhebt sich der Burgwall zu einer stattlichen Höhe zwischen Wasser und Wiesen. Früher soll sogar die ganze Strecke zwischen Wildberg und Kerzlin Wasser gewesen sein. Achtzehn Dörfer übersieht man von ihm mit einem Blick, und die Städte Neuruppin, Wusterhausen und Fehrbellin schließen den Horizont. Bronzene und namentlich eiserne Waffen und Geräte hat man dort gefunden, zumal als dort die Brücke an der Chaussee massiv gebaut wurde. Besonders erzählten die nahe am Burgwall Wohnenden von Hufeisen, die anders geformt und größer waren, als sie jetzt bei den Pferden gebraucht werden, und fügten die Bemerkung hinzu, man habe die Eisen den Pferden verkehrt herum untergeschlagen, um die Verfolger zu täuschen.

Auf diesem Burgwall läßt sich nun nach einer alten Sage des Nachts zwischen zwölf und ein Uhr oft eine weiße Dame sehen, die erlöst sein will. Um die Mitte des 19. Jahrhunderts wurde die Sage so erneuert, daß man sogar das Datum, den Tag und die Stunde bestimmen wollte, wann sie hätte erlöst werden können.

Ein junger Mensch aus Segeletz soll dazu bestimmt gewesen sein. Diesem ist sie oft des Nachts erschienen und hat ihm gesagt, daß sie eine verwünschte Prinzeß sei, und er wäre dazu geboren, sie zu erlösen. Er sollte zu der und der Zeit zu dem Burgwall kommen, dann würde sich eine Tür auftun, wie noch mehrere andere, durch die er müßte. Schließlich werde er in einen großen Saal kommen. Dort würde an der Wand ein Schwert hängen, dessen Griff von Gold und mit Diamanten besetzt sei. Das solle er nehmen, denn sofort werde ein weißer Bulle erscheinen und auf ihn eindringen. Dem müsse er mit dem Schwert den Kopf abschlagen; dann werde die Prinzessin in aller Pracht vor ihm stehen, und es wären noch große Schätze verborgen, die würde sie ihm zeigen, und dann würde sie ihn zum Manne nehmen. Aber getan hat es dieser junge Mensch nicht. Warum nicht, das weiß man nicht.

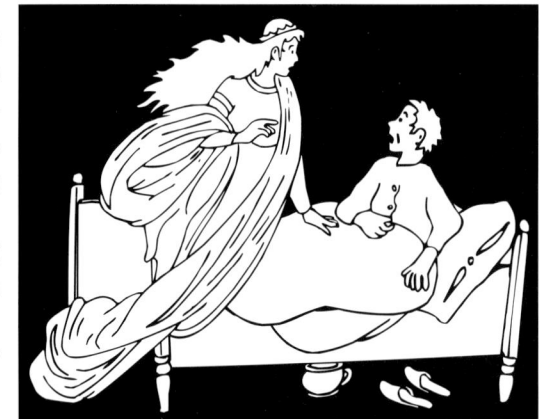

# Die Hexe von Segeletz

Es wird von einer alten, alleinstehenden Frau erzählt, die in Segeletz bei Neustadt an der Dosse lebte und die allgemein für eine Hexe gehalten wurde. So soll einmal der Jäger des Gutes auf dem Felde einen Hasen aufspringen gesehen haben. Sofort schoß der Jäger auf das flüchtende Tier und traf es auch, denn der Hase überschlug sich und stürzte in einen Graben. Der Jäger verfolgte die Blutspur bis zu dem Graben, der Hase aber war verschwunden. Statt dessen saß dort die alte Frau mit einem blutenden Schrotschuß am Bein.

Als sie später im Sterben lag, wollte niemand bei ihr wachen, denn am Ende des Bettes soll eine große Eule gesessen haben, die klappte drohend mit den Flügeln und blinzelte mit den Augen.

Der Hexenwahn war besonders im Mittelalter verbreitet. Bei den Hexenverfolgungen wurden in Europa durch 110 000 Hexenprozesse etwa 60 000 Menschen getötet. Die Dunkelziffer des abergläubischen Mittelalters muß weit höher gelegen haben...

## Segeletz

# Der Krug „Zur lahmen Ente"

Wer heute die Bundesstraße 5 zwischen Segeletz und Friesack befährt, sucht meist vergeblich nach der Stelle, wo einst ein bekannter Krug gestanden hat, der einen seltsamen Namen trug: Krug „Zur lahmen Ente". Er soll nun dort schon zu der Zeit gestanden haben, als die alte Berlin-Hamburger Heerstraße noch nicht zu einer Kunststraße ausgebaut war. Dieser Ausbau, der später mit einer Asphaltierung verbunden war, geht auf das Jahr 1829 zurück. Erinnern wir uns, wie es die Jahrhunderte durch auf einer solchen Heerstraße, und um eine solche handelte es sich bei der „Berlin-Hamburger", aussah. Sie war in höchstem Maße uneben und holprig und bei schlechtem Wetter meist gar nicht zu befahren. Wer im Lehm festsaß, konnte sich aus eigener Kraft kaum noch befreien. Da das Reisen alles andere als ein Vergnügen war, blieben die meisten lieber zu Hause. Nur die wenigsten kamen damals über die Grenzen ihres eigenen Dorfes hinaus. Mit einer Ausnahme allerdings, wenn wir an die Handwerksburschen denken, die auf „Schusters Rappen" am ehesten unterwegs waren, um sich bei möglichst vielen Meistern den sprichwörtlichen Wind um die Nase wehen zu lassen. Wie viele von ihnen mögen noch im vorigen Jahrhundert die genannte Straße entlang getippelt sein und in der „Lahmen Ente" neben Essen und Trinken auch einmal ein Nachtquartier erhalten haben?

Oft wurden sie auf ihren Wanderungen von großen Frachtwagen überholt, die Kaufleuten gehörten.

Zeitzeugen berichten, daß manchmal 10 bis 12 Pferde nötig waren, um die schlechten Wegstrecken überwinden zu helfen. Wehe, wenn ein solcher Wagen umkippte! Nach altem Recht gehörte alles abgefallene Handelsgut dem Grundbesitzer, auf dessen Boden sich der Unfall ereignet hatte. Eine hohe Strafe mußte der zahlen, der auf verbotenen Wegen versuchte, die Zollstellen zu umfahren, die nicht nur an den Grenzen der einzelnen Länder eingerichtet waren. Mit einem unfreiwilligen Aufenthalt an Stellen, an denen Straßen- oder Brückenzoll erhoben wurde, mußte man alle paar Meilen rechnen. Räuber und Wegelagerer taten ein Übriges, um die zu erleichtern, die es allen Unbilden zum Trotz dennoch wagten, auf große Fahrt zu gehen. Besonders gefährlich waren solche Wegesabschnitte, an denen sich weit und breit kein Dorf oder keine Stadt befanden, die vielleicht sogar durch dichte Wälder führten. Das war in unserer Gegend zwischen Segeletz und Friesack der Fall. Fast zwei Meilen (annähernd 15 km) waren hier zu überwinden.

## Der Krug „Zur lahmen Ente"

Es muß wohl eine Menge Spekulation dabei gewesen sein, als geschäftstüchtige Leute hier mitten im Wald einen Gasthof bauen ließen. Wie bei vielen Einrichtungen dieser Art waren es die Gäste, die der Schankstätte einen treffenden Namen gaben. Die Wirtin, die dort eine Zeitlang tätig war, hieß Anne. Da sie etwas lahm ging, sprach man hinter ihrem Rücken bald von der lahmen Anne, plattdeutsch von der „lohm Ann". Die des Niederdeutschen weniger mächtig waren, machten daraus „die lahme Ente", womit dieser Krooch (Krug) seinen Namen erhalten hatte.

Wie viele durstige Kehlen die „Lahme Ente" im Laufe ihres Lebens versorgt hat, wie vielen sie auch etwas zu essen gegeben hat, können wir heute nur noch ahnen. Sicher ist, daß der Entenkrug sich auch deshalb großer Beliebtheit erfreute, weil die gehbehinderte Wirtin ein sehr freundliches Wesen hatte. Heute würden wir sagen, daß wohl auch eine sehr niedrige „Preisstufe" mit dazu beitrug, daß dort immer etwas los war. Wer es irgendwie ermöglichen konnte, richtete es so ein, daß er gegen Abend im Krug „Zur Lahmen Ente" eintraf, um dort den Rest des Tages und die Nacht zu verbringen. Da es zu der Zeit noch keine Zeitungen gab, erfuhr man hier auch alle Neuigkeiten aus nah und fern. Besonders die Fuhrleute konnten eine Menge erzählen, was sie alles unterwegs erlebt und gesehen hatten. Die Zuhörer kamen vor allem aus Dreetz, Nackel, Läsikow, Wutzetz, Garz und Vichel, ja sogar aus Friesack.

An besonderen Feiertagen in der zweiten Hälfte des 19. Jahrhunderts waren auch ganze Schulklassen hier gern zu Gast. Aus dem Mund ihres Lehrers erfuhren sie dann auch regelmäßig die Sage von „Segers Wische". Aber das ist eine andere Geschichte.

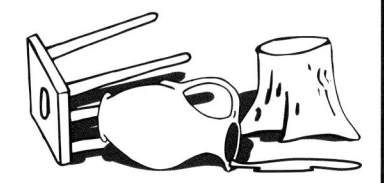

## Sieversdorf - Brunn - Wusterhausen

# Die Hexen aus Sieversdorf

Sieversdorf ist im Volksmund als Hexendorf bekannt. Die Erinnerung an drei Hexenprozesse im 17. Jahrhundert hat sich bei den Einwohnern des Ortes und auch in den Orten der Umgegend erhalten. In Sieversdorf weiß man noch heute die Stelle, wo die zweite der bedauernswerten Frauen, die infolge finsterten Aberglaubens unsägliche Qualen erdulden mußte, verbrannt wurde. Die Stelle liegt auf dem sogenannten Rhinowberg, etwa 500 Schritt südwestlich vom Sande. Der Berg ist durch das Abfahren des Sandes niedriger geworden und wurde später als Acker genutzt.

Was war damals geschehen? Aus den Aufzeichnungen des Barsikower Pastors G. W. Schinkel in seiner Geschichte von Sieversdorf erfahren wir Folgendes:

Der erste der beiden Prozesse fällt in das Jahr 1620, also in die Anfangszeit des Dreißigjährigen Krieges. Die Sieversdorferin Ilse Möller hatte sich nach Brunn bei Wusterhausen mit einem Bauern Hans Kruse verheiratet. Hier war sie in der Erntezeit 1619 mit ihrer Nachbarin Greta Rhinow, der Ehefrau des Thies Buchholtz, in Streit geraten. Greta Rhinow hatte das Schwein der Ilse Möller so geschlagen, daß es lahm wurde und starb. Aus Rache hatte Ilse Möller, als sie mit dieser Nachbarin zusammen gebacken hatte, deren kurze Abwesenheit genutzt und ihr Ratten- und Mäusegift auf ihre Fladen gestrichen. Greta Rhinow erkrankte nach dem Genuß der vergifteten Fladen, hatte heftige Schmerzen, so daß sie nicht im Hause und nicht im Bett bleiben konnte, verlor eine Zeitlang Gesicht und Gehör und nur nachfolgendes heftiges Erbrechen rette sie.

Am 30. Januar 1620 wurde Ilse Möller in Brunn gefangen, am 2. Februar verhört. Dazu wurden sämtliche Gerichtsjunker geholt. Ilse Möller gestand vor der Folter nichts und wurde dem Scharfrichter übergeben, um in „menschlicher Weise" mit ihr zu verfahren. Nun gestand sie, daß sie zaubern könne und es von ihrer Mutter gelernt habe. Es folgten Widerruf, Folter, Geständnis, Widerruf und so weiter... Ein Bescheid vom Schöffengericht Magdeburg ist nicht vorhanden, wohl aber der Entwurf eines Todesurteils. Wann Ilse Möller in Brunne verbrannt wurde, ist nicht bekannt.

# Eine weitere Hexe aus Sieversdorf

Auch die sechzigjährige Hedwig Müller, verheiratete Behrendt, Bauersfrau in Köritz, war 1660 verbrannt worden, nachdem sie auf der Folter bekannt hatte, sie habe ihr Vieh, wenn es krank gewesen war, gebötet, zur Butter ein Pulver gegeben und dem Teufel in leibhaftiger Gestalt sich antrauen lassen.

Aus den Prozeßakten geht hervor, wie man ihr unter der Folter Geständnisse abpreßte, die sie anschließend widerrief, um während weiterer Folterungen wieder zu gestehen. Nach diesen unmenschlichen Qualen bat sie schließlich um den Tod.

Sieben Jahre später brachte Marie Schröder, die Tochter eines Bauern in Sieversdorf, in einer Klage gegen eine Verwandte jener Hedwig Müller aus Köritz, namens Marie Müller, verehelichte Rhinow, mehrere Beschuldigungen wegen Zauberei vor. Das Amtsgericht berichtete darüber an den Landgrafen von Hessen-Homburg und erhielt von ihm den Auftrag, die Verdachtsgründe zu untersuchen.

Zunächst wurde am 16. Februar 1667 die Anklägerin Marie Schröder vernommen. Sie sagte aus, die Marie Müller hätte in der Wohnung des Bauern Ladewig Verwünschungen gegen sie ausgesprochen. Der siebzigjährige Stiefvater der Marie Schröder, Bauer Caspar Ladewig, bestätigte, daß am folgenden Montag die Schröder ganz rasend geworden sei, sich die Kleider vom Leibe gerissen habe und nicht bei Besinnung gewesen sei.

Ein weiterer Zeuge sagte aus, daß der Drache zwei- oder dreimal in das Haus der Marie Müller eingezogen sei. Weitere Zeugen waren Claus Ramin, Bauer in Sieversdorf, und die Frau Caspar Ladewigs.

Die Aussagen wurden in die Juristenfakultät in Helmstedt gesandt. Die Fakultät antwortete am 5. November 1668 mit dem Auftrag, „das verborgene Laster der Hexerei sei nicht bloß im Allgemeinen, sondern genau zu erforschen".

Das geschah am 5. Dezember 1668. Doch die Klägerin, Marie Schröder, fehlte. Obwohl Marie Müller zu dieser Zeit bereits in Haft war, wurde ihr die Schuld am Tod der Marie Schröder gegeben.

## Eine weitere Hexe aus Sieversdorf

Zwei Jahre saß die Angeklagte Marie Müller im Amtsgefängnis, als am 23. Februar 1669 nach Anweisung der Universität mit ihr verfahren wurde. Wieder wurde sie über alles Mögliche und Unmögliche befragt, doch sie schwieg zunächst. Wieder wurde ihr unter der Folter ein Geständnis abgerungen, das sie anschließend widerrief. Diese Prozedur wurde so lange fortgesetzt, bis sie schließlich laut rief: „Ich bin eine Hexe, kann zaubern, habe alles getan, worüber ich gefragt bin!"

Die Marter dauerte volle sieben Viertelstunden. Als sie wieder vor dem Gericht stand, leugnete sie aber alles und beteuerte, alles aus Angst und Schmerz gestanden zu haben. Besonders aber widerrief sie das Geständnis, Marie Schröder vergiftet zu haben und daß sie eine Hexe sei.

Die weitere Vernehmung verlief wie die erste. Auf dem Blocksberg sei sie gewesen, auf einem Sieb sei sie hingeritten, sie habe dort gegessen und getrunken. Daniel Langens Mutter sei auch dagewesen, Jakob Wulff aus Köritz sei der Spielmann gewesen.

Am dritten Tag nach der Marter wurde die Unglückliche nochmals aus dem Kerker hervorgezogen, um ihre Aussage in Abwesenheit des Scharfrichters zu bestätigen. Sie antwortete auf alle Fragen nur mit einem Ja. Doch die Mörderin ihrer eigenen Kinder zu sein und die Beschuldigung anderer noch Lebender, mit auf dem Blocksberg gewesen zu sein, wollte sie nicht bestätigen.

Das war auch nicht mehr erforderlich, um ihr Todesurteil herbeizuführen. Die Juristenfakultät erkannte am 22. Juni 1669 für Recht, daß sie ihr Leben verwirkt habe. Nach Kaiser Karl V. und des Heiligen römischen Reichs peinlicher Halsgerichts-Ordnung zum abscheulichen Exempel sollte sie mit dem Feuer vom Leben zum Tode zu bringen sein. Sie wurde 1669 auf dem Rhinowberg in Sieversdorf verbrannt.

Der Berg ist inzwischen abgetragen, aber die Erinnerung an diese Hexenprozesse sind bis heute in Sieversdorf in Erinnerung geblieben...

# Eine Glockensage aus Sieversdorf

Jühlitz, oder Gühlitz, war früher ein selbständiges Dorf. Nach G. W. Schinkels Geschichte von Sieversdorf war Gühlitz schon 1491 wüst; das heutige Jühlitz, früher Schnakenwinkel und Lothstege, ist 1774 auf der wüsten Feldmark Gühlitz durch Friedrich den Großen angelegt worden. Doch hat sich in Sieversdorf eine Sage erhalten, nach welcher Gühlitz erst durch den Dreißigjährigen Krieg zerstört worden ist. Der Prediger Hermanni II. (von 1794-1844) in Sieversdorf hat darüber Folgendes niedergeschrieben:

„Die ältesten Männer erzählen, daß vor dem Dreißigjährigen Krieg Sieversdorf aus zwei Dörfern, Klein-Sieversdorf und Groß-Gühlitz, bestanden habe. Groß Gühlitz stand auf den Bergen, welche zwischen dem jetzigen Brenkenhoff und Klein-Derschau liegen. Zur Zeit des Dreißigjährigen Krieges vergruben die Groß-Gühlitzer Ihre Glocken zwischen ihrem Ort und Rhinow aus Furcht, die Österreicher würden sie ihnen nehmen, weil viel Silber darin enthalten war. Die Rhinower erfuhren dies etwa zehn Jahre nachher und gruben die Glocken zur Nachtzeit heraus. Die Gühlitzer forderten ihr Eigentum zurück; es kam zum Prozeß und die hohe Behörde entschied, es sollten zwei von Rhinow und zwei von Gühlitz zu gleicher Stunde und Minute abgehen; wer zuerst an die Stelle käme, wo die Glocken vergraben gewesen waren, dem sollten sie gehören.

Die Rhinower waren listig; sie bestellten unterwegs einige, die den Gühlitzern begegnen mußten. Sie hielten denen ein Maß Branntwein entgegen, hielten sie damit auf, machten sie betrunken, und die Rhinower Wettläufer kamen zuerst an den bestimmten Ort. Sie behielten die Glocken, und es sollen dieselben sein, welche sie heute noch haben."

# Von den wehrhaften Stüdenitzern

Ihre Wehrhaftigkeit bewiesen die Stüdenitzer bereits 1581, wie aus einer aus dem Jahre 1582 stammenden Beschwerdeschrift „aller Kröcher in Dreetz und Lohm" gegen die Gemeinde Stüdenitz an den damaligen Kurfürsten Johann Georg hervorgeht. Wie üblich, wenn es gegen die Bauern ging, beriefen sich die Herren auch in diesem Fall auf „uralte Rechte" im Roddahn, einem riesigen Waldgebiet. Alle, die diese Rechte zu schmälern wagten, sollten mit Strafen bis zu 1.000 Taler belegt werden. Die Stüdenitzer ihrerseits pochten als „Anlieger" des Roddahn auf ihre Hüte- und Holzungsrechte.

1581 wagten sie sich mit ihrem Vieh anscheinend besonders weit in Richtung Lohm vor. Jedenfalls kam es zu einem lautstarken Streit zwischen drei Stüdenitzer Kuhhirten und einem Vertreter der Lohmer Adelsfamilie, Hans von Kröcher. Der Adlige warf seinen „unbotmäßigen" Nachbarn Frevel und Mutwillen vor. Die Grenzmale seien so gesetzt, daß man sie sogar nächtens sehen könne. Außerdem sei vor der Stüdenitzer Kirche öffentlich verkündet worden, daß niemand im Roddahn Rechte für sich in Anspruch nehmen könne, außer den Kröcherschen. Die drei Kuhhirten aber antworteten, daß ihnen alle Stüdenitzer Bauern befohlen hätten, ihre dörfliche Herde im Roddahn zu weiden. Der von Kröcher ließ daraufhin das gesamte Vieh pfänden. Durch Boten benachrichtigt, läuteten die Stüdenitzer die Sturmglocken. Umgehend sind sie „semptlich zu fuesse und zu rosse mit gewerter hand herausgefallen". Bald waren die Kühe wieder dort, wo sie hingehörten. Ebenso bald kehrten die Lohmer unter Führung derer von Kröcher und mit Gerichtsherren an den Schauplatz der Handlung zurück. Sie trafen auf eine starke Gegnerschaft aus Stüdenitz, über „anderthalb hundert stark, darunter auch die tagelöhner, ackerknechte, weiber und kinder gewapnet mit achsen, beilen, steinen, spiessen und forchen". Es muß sehr laut zugegangen sein, denn es ist von einem „Mordgeschrei" die Rede sowie von „schelmen und bösewichtern". Eine besonders entscheidende Rolle müssen die Stüdenitzer Weiber dabei gespielt haben. Sie hätten „öffentlich hören lassen, sie wusten die Büchsen zu besprechen, damit man damit nicht loss schiessen konnte". Ob die Stüdenitzer die 1.000 Taler Strafe zahlen mußten, ist nicht bekannt, wohl aber, daß die Stüdenitzer „Weiber" seither sehr verträglich und friedlich geworden sind. Wohl dem, der eine von ihnen abbekommt!

# Ein Schreckenstag in Stüdenitz

Die Kornernte war gut und lag geborgen in den Scheunen. Der Tag wurde zum Abend, der Mond begann, seine Bahn zu ziehen. Das weißgetünchte Fachwerk der Häuser blitzte im Mondschein. Die Wohnhäuser waren fast alle strohbedeckt und standen mit dem Giebel an der Straße. Plötzlich leuchtete es in der Mitte der Lohmer Straße auf der linken Seite hell auf, wenig später brennt die Scheune auf der Hofstelle Nr. 43 lichterloh. Mit unheimlicher Schnelligkeit springt der rote Hahn auf die gefüllten Scheunen und Heuböden. Im Nu stehen auch die Gehöfte links und rechts in Flammen. Der südwestliche Wind wälzt die Glut auf der linken Seite der Lohmer Straße von Gehöft zu Gehöft, der Funkenregen überspringt die neue Kirche, die Gott sei Dank dem Feuer widersteht, entzündet aber die Dächer in der Kyritzer Straße. 25 Gehöfte mit voller Ernte wurden ein Raub der Flammen, 97 Gebäude waren in Schutt und Asche gelegt. Glücklicherweise befanden sich wenigstens Rindvieh und die meisten Pferde auf den Koppeln. In dieser schweren Zeit bewiesen die Stüdenitzer ihre Nachbarschaftshilfe und Tatkraft.

Bereits zu Martini 1866 stand auf jedem Hof ein neuer, massiver Stall für das Vieh im Winter. Bis zum Herbst 1867 entstanden eine Scheune, ein Wohnhaus nach dem anderen. Unaufhörlich fuhren Gespanne Baumaterial, besonders aus den Häfen Havelberg und Vehlgast, anderes wurde in flachen Kähnen auf der Jäglitz herangeschleppt.

Am Erntedankfest 1867 konnten alle Stüdenitzer wieder aus der eigenen Haustür zur Kirche gehen und Dank sagen, für gutes Gelingen beim Bau, für eine gute Ernte und für die Hilfe, die sie von Nachbarn und aus den umliegenden Dörfern erhalten hatten.

# Ein Überfall in Stüdenitz

Überfallen und beraubt wurde im August 1922 die in Stüdenitz in Diensten stehende Anna W. auf der Chaussee nach Bahnhof Zernitz, von wo sie sich mit der Bahn nach Berlin zum Besuch der Eltern begeben hatte. Der Täter war ein junger Bursche. Er hatte sich von hinten dem Mädchen genähert und sie zu Boden gerissen.

Nachdem er der Überfallenen ihr Geld und sämtliche Lebensmittel, die für die Eltern bestimmt waren, abgenommen hatte, verschwand der Strolch in dem an der Chaussee gelegenen Holze, aus dem er vermutlich auch gekommen war...

# Der Mord in Vehlow

Am 22. Januar 1919 kam eines Abends ein Fremder in das Dorf Vehlow und bat bei dem Besitzer des Grundstücks Adolf Bartz, Demerthiner Weg, um Wasser. Da Herrn Bartz die Sache verdächtig war, holte er seine Flinte. Der Unbekannte flüchtete eilig. Er klopfte einige hundert Meter weiter auf dem ehemaligen Gehöft Otto Wilchbrandt, Demerthiner Weg Nr. 2, und bat ebenfalls um etwas Wasser. Der damalige Besitzer ließ den Fremden ins Haus. Plötzlich erschoß er die Frau in der Wohnstube. Als der Ehemann ein Getränk aus der Küche brachte, wurde auch er getötet. Die Tochter des Hauses schloß sich in ihrem Zimmer ein. Das Merkwürdige dabei war, daß diese Tür nie abzuschließen ging, plötzlich schloß die Tür... Die Tochter floh aus dem Fenster und schlug im Dorf Alarm. Dort war gerade Versammlung. Als Hilfe aus dem Dorf eintraf, war es zu spät. Beide Eltern waren tot.

Auf dem Wutiker Bahnhof stieg der Mörder auf der versteckten Seite in den Zug. Eine Reisende beobachtete dies und sah, daß der Mann mit Blut beschmiert war, und verständigte den Bahnbeamten. So konnte der Mörder in Kyritz auf dem Bahnhof von der Polizei verhaftet werden. In seinen Sachen fand man einen (Mord- ?) Zettel, auf dem alle Namen der Ausbauten von Rosenwinkel und Umgebung standen. Der Mörder soll ein polnischer Hausierer gewesen sein...

# Der Hauptmann von Kapernaum

Theodor Fontane besuchte einst Trieplatz, das damals eine Meile nördlich von Wusterhausen an der Dosse lag. Über Brunn kam er in die prächtige Linden- und Kastanienallee, die auf den alten und den neuen Hof des Gutes zuführte. Der alte Hof war früher ein Rittersitz, dort stand auch das Herrenhaus, ein einfacher Fachwerkbau, den Georg Moritz von Rohr bewohnte. Der war 1713 geboren. Dieser Mann war ein „Original", der sich selber der „Hauptmann von Kapernaum" nannte. Was ihn aber in der Gegend am populärsten machte, waren seine vielen Brautwerbungen, die nicht abrissen und ihn befähigten, es bis auf vier Frauen zu bringen. Das brachte natürlich alle Zungen in der Grafschaft Ruppin in Bewegung. Alle vier waren Nachbarstöchter aus dem Adel der Grafschaft oder der angrenzenden Prignitz. Die erste Frau eine Platen, die zweite eine Jürgaß, die dritte eine Hagen, die vierte eine Putlitz. Durch die Platen und Jürgaß ergab sich denn auch eine nahe Verwandtschaft mit den Zietens, so daß unser Hauptmann mit dem gesamten Adel der Nachbarschaft verschwägert war.

Bei Gelegenheit seiner vierten Verlobung hatte Georg Moritz von Rohr allerdings auch eine Kränkung zu bestehen, die nur einen Vorzug aufwies, daß sie nicht von dem gefürchteten Könige ausging. Der Kränkende war der eigne Bruder auf Tramnitz, allwo sich das Erbbegräbnis befand, in dem auch die Trieplatzer Rohrs beigesetzt wurden. Als Georg Moritz von Rohr seinem Bruder anzeigte, daß er sich zum vierten Male verlobt habe, schrieb ihm der Tramnitzer zurück: „Er wünsche ihm Glück, müsse ihm aber von vornherein erklären, daß für diese vierte Frau kein Platz mehr im Erbbegräbnis sei". Dies war denn doch zu viel, und Georg Moritz erschien schon am nächsten Tag mit drei Wagen in Tramnitz, um die Särge seiner drei Frauen aus dem ungastlichen Erbbegräbnis abzuholen. Er begrub sie nunmehr auf dem Trieplatzer Kirchhof.

## Der Hauptmann von Kapernaum

An jedem Begräbnistage ließ er singen: „Lobe den Herrn, meine Seele", hielt in Treue das Trauerjahr ein und sprach dann in einem gewissen humoristischen Trotze: „Nimmt Gott, so nehm ich wieder." War dieses Wort einmal gesprochen, so begann auch seine Freiwerbung aufs Neue. Nun hatte er drei nicht mehr junge Cousinen, die in Tornow lebten und die Namen führten: Henriette, Jeanette und Babette von Bruhn. Pflichtbewußt hielt unser Hauptmann nach Absolvierung seines Trauerjahres erst um die Hand seiner drei Cousinen an. Läufer voraus und gekleidet in den Uniformrock fuhr er dann in Gala nach Tornow hinüber, ließ sich bei den Fräuleins melden und begann seine Werbung bei „Jettchen", dann bei „Nettchen", um sie bei „Bettchen" zu beschließen. Immer mit demselben Erfolg, denn die Fräuleins waren längst gewillt, in dem stillen Hafen ihrer Jungfräulichkeit zu verharren.

Georg Moritz von Rohr kam zu hohen Jahren. Mit dem Älterwerden wuchsen auch seine Schrullenhaftigkeiten, und er mußte den Tribut entrichten, den das Alter ohnehin so leicht zu zahlen hat. Zum Ehrwürdigen gesellte sich das Komische. Jeden Morgen stieg er mittels einer Leiter in eine Pappelweide hinein, um in den Zweigen derselben seine Morgenandacht abzuhalten, und sang, während sein weißes Haar im Winde flatterte, mit klarer Stimme: „Wie schön leucht't mir der Morgenstern."

Grotesk und rührend zugleich. Für die Dorfjugend aber herrschte das Erstere vor, und ein paar Übermütige sägten den Ast an, mit dem der Alte dann auch zusammenbrach, als er anderentags seinen Platz in dem Gezweige wieder einnehmen wollte.

Daß er gezürnt habe, wurde nicht berichtet. Er stand bereits da, wo Leid und Lust nur noch traumhaft wirken und selbst Unbill nichts weiter als ein Lächeln weckt. Seine Zeit war um, und seine Seele flog dem Morgensterne zu, zu dem er so oft emporgesungen hatte.

Den 14. Juni 1793 ward er in Trieplatz begraben. Die Dorfjungen aber waren ernsthaft geworden, folgten seinem Sarge und sangen diesmal ihm: „Lobe den Herrn, meine Seele!"

# Friedrich der Große in Tramnitz

Als Friedrich der Große in seinen jungen Jahren als Kronprinz in Neuruppin wohnte, war er auch oft auf dem Gute Tramnitz bei Wusterhausen zu Besuch. Hier, im Rohrschen Hause, verkehrten die jungen Offiziere besonders gern, und „Tante Fiekchen", eine ältere, unverheiratete Schwester des Hausherrn, hatte das Vorrecht, allen derb die Wahrheit zu sagen.

Als der Kronprinz zum ersten Mal erschien, gab er sich zunächst nicht zu erkennen. Es wurde Kaffee getrunken, aber Tante Fiekchens Hauskaffee, der viel Bodensatz und wenig Wohlgeschmack hatte, mundete dem jungen Fritz gar nicht, und er goß ihn heimlich aus dem Fenster. Tante Fiekchen jedoch hatte die kleine Missetat wohl bemerkt, und sie sagte ihm gründlich die Wahrheit. Als die anderen Gäste sie zu beschwichtigen versuchten und sie gar hörte, daß er der Kronprinz sei, wurde sie noch heftiger und rief: „Na, um so schlimmer! Wer Land und Leute regieren will, darf keinen Kaffee aus dem Fenster gießen!"

Kronprinz Fritz nahm der alten Dame ihre Worte nicht übel, ja sie wurden sogar die besten Freunde. Und wenn der König später einmal einen alten Bekannten aus dem Ruppinschen sprach, unterließ er es nie, sich nach Tante Fiekchen zu erkundigen.

# Das Storchendorf Vehlin

Das Prignitzdorf Vehlin liegt in einem Wiesengrund und wird von dem Flüßchen Karthane entwässert. Das Bauerndorf hatte früher mehr Wiesen und Koppeln als Ackerland und war für seine Pferdezucht bekannt. Aber auch zahlreiche Kiebitze und Störche hatten hier ihr Zuhause. Von April bis zum 24. August jeden Jahres fanden die Störche hier ihre Brutstätte.

Das hatte auch der Flugpionier Otto Lilienthal erfahren und machte sich auf den Weg nach Glöwen und Vehlin, um hier den Vogelflug zu studieren. In seinen Aufzeichnungen finden wir folgende Notiz: „Die Aufzeichnung dieser Adresse (Vehlin) hat wohl sieben Jahre in meinem Notizbuch geschlummert, bis ich die letzten schönen Ostertage (1895) verwendete, in Begleitung meiner beiden Buben einen Ausflug nach Vehlin zu machen. Der zweistündige Weg von der Station Glöwen führte uns durch Dörfer, die sich keineswegs durch besonderen Storchenreichtum auszeichneten. Ich glaubte schon, der gute Mann hätte etwas aufgeschnitten. Als wir uns jedoch dem Dorfe Vehlin näherten, riefen meine Jungen: ‚Dort ist ja ein Storchennest! Dort noch eins! Noch eins! Dort zwei auf dem Dache! Dort noch zwei!' Der freundliche Ratgeber hatte vollkommen recht; denn auf den 40 Häusern dieses kleinen Dorfes waren nicht weniger als 54 Storchennester, um welche die einzelnen Paare sich teilweise noch stritten, und in welchen teilweise auch das Brutgeschäft schon begonnen hatte." Über seinem zweiten Besuch in Vehlin berichtet Otto Lilienthal: „Als ich im August Vehlin wieder besuchte, war fast das ganze Heer der Störche über dem Dorfe in der Luft. Es war ein sonniger und windiger Tag, gerade geeignet, das Schweben dieser großen Vögel zu studieren. Das Schweben geschah nach jeder beliebigen Richtung, gegen den Wind, mit dem Wind und seitlich. Das Kreisen wurde angewendet, um schnell höhere Luftschichten zu erreichen."
Diese Beobachtungen halfen nun dem Berliner Ingenieur, seinen Flugapparat so zu verbessern, daß es ihm schließlich 1896 gelang, in den Rhinower Bergen vom 109 Meter hohen Gollenberg aus bis zu 350 Meter weit zu fliegen.
Leider verunglückte dieser erfolgreiche Flugpionier bei seinem Versuch, eine Kehre zu fliegen, am 9. August 1896 am Gollenberg und erlag einen Tag später in einem Berliner Krankenhaus seinen schweren Verletzungen. Auf dem Gollenberg bei dem Ort Stölln wurde dem Flugpionier Otto Lilienthal ein Denkmal gesetzt, und ihm zu Ehren feiert der Ort jedes Jahr Anfang August das Fliegerfest.

# Der Sarkophag von Vehlow

Welche Darstellung der mittelalterlichen Kirche aus Vehlow man auch immer zur Hand nimmt, nie fehlt bei der Beschreibung des bereits aus dem 13. Jahrhundert stammenden Vehlower Gotteshauses der Hinweis auf den vor der Kirche stehenden Sarkophag. Er hat dort auch heute noch seinen Platz. Aber kaum ein Sarkophag auf dem Boden der Prignitz und darüber hinaus hat den Leuten so viele Rätsel aufgegeben wie der von Vehlow. Vor allem wohl auch deshalb, weil nichts darauf hindeutet, daß in ihm jemals ein Verstorbener seine letzte Ruhe gefunden hat. Wenn man dem Kunstführer aus dem Jahre 1907 mit dem Titel „Die Kunstdenkmäler des Kreises Ostprignitz" glauben darf, dann hat der Sandsteinsarkophag viele Jahrhunderte im Turm der Kirche gestanden, ehe er seinen Platz auf dem Dorfanger fand.

Immerhin gibt uns aber an der Nordwand der Kirche ein lebensgroßes Epitaph, ein ganzfiguriges Relief, Auskunft darüber, für wen der Sarkophag bestimmt gewesen sein könnte. Die auch heute noch recht gut lesbare Unterschrift lautet: „Hans Joachim von Blumenthal ist geb. a. (müßte wohl als „anno" zu deuten sein) 1663 den 31. July nach dem etliche Jahr uf Akademien studiert u. viel Länder besuchet, anno 1686 den 26. July zu Paris gestorben und daselbst begraben seines Alters 23 Jahr".

Leider sind keine schriftlichen Berichte über das Schicksal des so jung verstorbenen Gutsbesitzersohnes H. J. v. Blumenthal erhalten geblieben.

In der mündlichen Überlieferung sagt man, daß Hans Joachim von Blumenthal im Jahre 1686 bei einem Duell in der französischen Hauptstadt gestorben sei. Sein Vater, der in Vehlow zu Hause war, gab unmittelbar nach Bekanntwerden seines Todes den Auftrag, die Leiche von Paris aus in seine Prignitzer Heimat zu überführen. Das wurde ihm dem Vernehmen nach auch zugesagt. Die Familie von Blumenthal ließ nun sofort den Steinsarg anfertigen. Der aus der Ferne ankommende Holzsarg sollte in den Steinsarg gestellt werden, um danach in der Gruft der Kirche unter dem Altar endgültig beigesetzt zu werden.

Sehr lange müssen die Familie und alle, die den Toten kannten, gewartet haben. Schließlich gab man das Hoffen, Bangen und Warten auf. Der Sarg aus Paris kam nie in Vehlow an, und der Steinsarg blieb bis heute leer. Der Vater ließ schließlich in der Kirche ein Epitaph aufstellen, das in der heutigen Zeit noch dadurch an Wert gewinnt, weil es den Verstorbenen in modischer Tracht in der Zeit des ausgehenden 17. Jahrhunderts darstellt.

# Die Geisterburg von Wulkow

Umgeben von Wiesen und Wäldern am Rande der Dosse liegt das kleine, beschauliche Dorf Wulkow. Die Wulkower lieben ihr kleines Dorf, obwohl es hier manchmal unheimlich zugehen soll. Einst führte über die Dosse ganz nahe dem heutigen Dörfchen ein Holzsteg, die so genannte „Wallbrücke". Sie führte zum dahinter liegenden „Burgberg". Hier stand tatsächlich eine Burg, welche etwa 1150 errichtet wurde. Dort in den geschützten Dossewiesen waren zwei nebeneinander liegende Erhöhungen, die von einem wallartigen Erdwurf umgeben waren. Bis 1967 konnte man noch deutlich den Burggraben in Form eines Hufeisens erkennen, der noch Wasser führte. Auf den Wällen standen in gleichmäßigen Abständen vier mächtige Eichen. Bei Grabungen zu Beginn des 20. Jahrhunderts fand man hier Belege für eine mittelalterliche Burg - Backsteine im Klosterformat, Gefäßreste, Eisennägel und Branderde. Man berichtet auch von einem gefundenen Steinbeil und von Tonscherben, die schon auf eine frühere Besiedlung hinweisen. Dieses Kulturdenkmal und älteste Zeugnis Wulkower Besiedlung fiel leider im Jahre 1967 einem „Projekt zur Schaffung einheitlicher Wiesenflächen" zum Opfer. Bei den Planierungsarbeiten kamen zahlreiche Scherben von spätslawischem und frühdeutschem Geschirr, Brandgruben, Eisenreste, Knochen sowie Feldsteinfundamente zum Vorschein. Auf Grund der Zerstörung ist eine Rekonstruktion der Anlage unmöglich, und viele stumme Zeugen der Vergangenheit sind verloren. Heute ist kaum noch etwas vom Burgberg zu erkennen, zwei mächtige Eichen stehen noch dort, manchmal sind Tonscherben zu finden. Etwa zur selben Zeit wurde die Dosse in ein neues, begradigtes Bett gezwängt, wurden der Wasserstand durch den Bau von Wehranlagen reguliert und die umliegenden Flächen trockengelegt. Seitdem sind den Wulkowern unruhige Nächte beschieden. Merkwürdige Geräusche wie Klopfen und Scharren sind zu vernehmen. Bürger berichten von Frauengesang in unverständlicher Sprache ebenso wie von einem Röcheln, welches nahe dem Friedhof zu hören war. Auch Lichter, die den Standort der ehemaligen Burg kennzeichnen, sind gesehen worden. Manche glauben, es sind die alten Burgbewohner, die daran erinnern wollen, daß sie einst dies Dorf gegründet hatten. Auch die Dosse läßt sich zuweilen an den unterschiedlichsten Plätzen in der Nähe des Dorfes vernehmen. Wer genau hinhört, kann an ihrem fortwährenden Rauschen ihren alten Verlauf erahnen...

Wusterhausen

# Der Müller und der feurige Drache

An der Landstraße, die von Neuruppin nach Wusterhausen an der Dosse führt, erhebt sich ein Hügel, der noch jetzt der „Möllenberg", also Mühlenberg, genannt wird, weil auf ihm eine Mühle gestanden hat. Der Müller war ein reicher, geiziger Mann, der es nicht genau mit dem Einmessen nahm, so daß man spottweise von ihm sagte: „Vör dänn hett de Schäpel ok mir as söstein Matten" (für den hat der Scheffel auch mehr als sechzehn Metzen). Aber das alles hätte ihn nicht so reich gemacht, wenn er nicht noch überdies einen Pakt mit dem Drachen geschlossen hätte. Dieser feurige Drache saß in einem Erlengebüsch am nahen See. Er schaffte dem Müller, wenn er es verlangte, Geld und immer wieder Geld, so daß sein Reichtum ungezählt war.

Dem Müller war die Frau gestorben, und er ging auf die Suche nach einer zweiten. Niemand im Dorfe mochte ihn heiraten. Endlich fand er ein frommes, stilles Mädchen, das nichts von seinem bösen Treiben wußte. Einst saß er mit seiner jungen Frau im Zimmer; Knechte und Mägde waren zum Tanz im Dorfe. Da gerieten sie in Streit. In der Erregung rief der Müller: „Droak, kumm und hoal de Frau!" Der feurige Drache kam, um die Frau zu holen. Diese rief den Namen Gottes an und floh. Eben hatte sie das Haus verlassen, da krähte der rote Hahn auf dem Dache. Das Haus stand in Flammen; die Mühle wurde mit ergriffen. Während die Leute aus dem Dorfe kamen und retten wollten, sahen sie, wie die Schaufeln der brennenden Mühle sich drehten. Sie sahen eine Feuerkugel dem Elsenbusch zufliegen. Der böse Müller, der seine erste Frau dem Drachen geopfert hatte, verbrannte mit all seinen Schätzen.

— Wusterhausen —

# Die Wilde Jagd im Forst Wusterhausen

Einige Bauern holten einmal aus dem verschneiten Forst Wusterhausen zur Nachtzeit bei Mondenschein etliche Klafter Holz für die Herrschaft. Um Mitternacht standen die Schlitten beladen und abfahrbereit. Die Männer stopften sich noch ein Pfeifchen und ergriffen die Zügel. Aus der Ferne glaubte der Schulze Jürgen, einen Jagdhund anschlagen zu hören. Die anderen meinten jedoch, da locke ein Fuchs seine Gefährten zu einem Hasenbau.

Aber das Bellen kam rasch näher und erscholl nun von verschiedenen Seiten. Plötzlich war auch ein Hifthorn zu hören, und ein Hase, hell wie der Mondschein selbst, sprang, von Jägern und Hunden gehetzt, gerade auf Jürgens Schlitten zu. Weil Jürgen um sein Gespann bangte, ergriff er den Hasen geistesgegenwärtig und warf ihn den Hunden entgegen, die ihn sofort zerfleischten.

Da brauste der Wilde Jäger heran. Von seinem Pferd herab reichte er Jürgen die Hand und dankte ihm mit den Worten: „Dreihundert Jahre jage ich den Hasen schon; nun bin ich durch dich erlöst!"

# Hammeldiebe in Wusterhausen

Im 18. Jahrhundert stand ein Regiment Reiter in Wusterhausen. Der den Soldaten damals gezahlte Sold war ziemlich kärglich, er wird 10 bis 15 Pfennig nach heutigem Gelde betragen haben. Die Mannschaften, die zum Teil nicht aus den saubersten Elementen bestanden, sahen deshalb zu, wie sie auf andere Art ihre Lage verbesserten, wenn sie es nicht vorzogen, bei den Bürgern der Stadt um Lohn zu arbeiten. Einige verübten allerlei Schwindeleien und Betrügereien, verleiteten einfältige Leute zum Schatzgräbern, nachdem sie sich ihre Kunde von dem Vorhandensein eines Schatzes gut hatten bezahlen lassen, andere oblagen dem regelrechten Diebstahl, namentlich im Winter, wenn der Dienst bei Tage ruhte und die Nächte lang waren. In ihren weißen leinenen Stallkitteln schlichen sie sich nach den Gehöften der Nachbardörfer, brachen nachts in die Ställe und raubten den Hammel, um sich demnächst im Quartier einen guten Tag zu machen.

Anfangs waren die Bauern allerdings über das geheimnisvolle Verschwinden ihrer Hammel erschrocken, bald aber gelang es, die Täter festzustellen und mehrfach bestimmte Soldaten zu überführen. Die damaligen Disziplinarstrafen waren hart. Auf dem großen Exerzierplatz auf der Grenze zwischen Kyritz und Wusterhausen ließ der damalige Esquadronchef Major von Gaudecker seine beiden Kompanien in zwei Gliedern antreten und eine Gasse bilden, durch welche der Hammeldieb, den Oberkörper bis zu den Hüften entblößt, nach nicht allzu raschem Takte eines besonderen Defiliermarsches marschieren mußte, während jeder gassebildende Soldat je einen Hieb mittels einer Haselrute auf den Leib des Kameraden niedersausen ließ. Die Offiziere und Unteroffiziere überwachten diese Strafvollstreckung, infolge derer der Verurteilte am Ende der Gasse blutüberströmt, meist ohnmächtig niedersank. Wenn die armen Opfer oft unartikulierte Schmerzenslaute während ihres Ganges ausstießen, pflegte von Gaudecker ihnen noch höhnisch zuzurufen: „Habt Ihr Euch die Hammel gut schmecken lassen, so laßt Euch auch die Hiebe munden!" In allen Fällen mußte der Soldat, der die Strafe des Gassenlaufens überstanden hatte, sofort ins Lazarett überführt werden, und doch gab es Leute, die es nach Verheilung ihrer Wunden sofort wieder auf einen neuen Gang ankommen ließen. So wird von dem Vorfahren einer noch hier vorhandenen Familie berichtet, daß derselbe, als er sich bei der nächsten Kirchenparade zum Dienst meldete, dem Kommandeur sogleich eine so achtungswidrige Bemerkung machte, daß er sofort wieder dem Profoß zugeführt wurde, um dieselbe Strafe noch einmal zu durchkosten.

## Wusterhausen

# Martin Hilgendorf setzt die Stadt in Brand

Am Morgen des 13. April 1758 war der Bürger Michel Hilgendorf, nachdem er seine Pfeife durch Auflegen von Torfglut in Brand gesetzt hatte, durch seine Scheune gegangen, um seinen Nachbarn zu einem Gange nach dem Plänitzer Holz abzuholen. Hilgendorf gehörte das Haus Nr. 57 (das jetzige Gosler'sche Haus) in der Wildbergerstraße (Borchertstraße).

Als die beiden auf dem Plänitzer Wege waren, richtete einer von ihnen von ungefähr seine Augen nach der Stadt. Dort erhob sich eine mächtige Rauchwolke, grauenhaft beleuchtet von einem durch den herrschenden starken Wind gepeitschten Feuermeer. Gleichzeitig gewahrte Hilgendorf, daß die Kohle von seiner Pfeife verschwunden war. Er soll ahnungsvoll sofort sich als Brandurheber bezeichnet haben. Die Sage berichtet, daß er sich sofort dem Richter gestellt, aber nie verurteilt worden sei, weil er vor Gram im Gefängnis gestorben wäre.

Fest steht, daß durch das unvorsichtige Tabakrauchen des Michel Hilgendorf in dessen Scheune das Feuer ausgekommen ist und der heftige Wind den Brand über zwei Drittel der Stadt mit rasender Eile verbreitete.

Nach Feststellungen von Altrichter war die Brandstätte begrenzt im Osten durch die Heilige Geiststraße, deren östliche Häuserreihe stehen geblieben war, im Süden vom Stadttor, im Westen durch die Stadtmauer, nur das Haus Nr. 243, Schiffahrt-Scharfrichterstraßenecke, war stehen geblieben, im Norden vom Gasthof zum schwarzen Adler, Nr. 50, von der Kirche, von den Häusern Nr. 3 und 330, sowie von der Nordseite der Schiffahrtstraße. Alles, was zwischen dieser Linie sich befand, einschließlich des Rathauses, war niedergebrannt. Mit dem alten Rathaus verbrannte auch das darin befindliche Stadtarchiv. Alle alten Urkunden gingen verloren.

Unübersehbares Unglück brach über die Stadt, die Verwirrung war endlos. Nichts als das nackte Leben war gerettet. Mit einem Schlage war die mühevolle Arbeit von zwei Menschenaltern vernichtet...

# Blitzeinschlag in die Kirche von Wusterhausen

Das Jahr 1764 hätte leicht wieder ein größeres Unglück über die Stadt Wusterhausen bringen können. Am 17. Mai 1764 zog ein heftiges Gewitter über die Stadt herauf. Der Blitz schlug in den Turm der Kirche und zündete. Aller angewandten Bemühungen ungeachtet war es nicht möglich, das Feuer zu dämpfen. Eine überaus große Windstille und ein starker Regen verhüteten weiteres Unglück. Der Turm brannte aus, die Glocken schmolzen, und als die brennenden Balken und die vielen Zentner flüssigen Metalls im Innern des Turmes niederstürzten, schlugen sie das Gewölbe im Turme durch und zerstörten so die Vorhalle, durch die man ehedem in die Kirche einzutreten pflegte. Ein glücklicher Zufall hat es gewollt, daß der Turmknopf zwar heruntergeschleudert, der Inhalt aber nicht geschädigt wurde und so mancherlei Nachrichten für die Geschichte der Stadt erhalten geblieben sind.

Man nahm alsbald Bedacht, den Turm wieder herzustellen, und zwar in der alten Form, einer hohen schindelgedeckten Pyramide, ähnlich dem Wildberger Turm. Als das Holzwerk fast fertig hergerichtet war, fand sich, daß die ganze Arbeit verpaßt und zu klein war, um auf das stehengebliebene Mauerwerk aufgesetzt werden zu können; der Meister war aber landesflüchtig geworden. Man verkaufte das Holz um ein Billiges an den damaligen Kämmerer Werkenthin und fertigte in der Eile das gegenwärtige, ziemlich niedrige Turmdach.

Das Haus, das der Kämmerer Werkenthin sich mit dem für den Kirchturm bestimmten Balkenwerk baute, ist das Eckhaus Am Markt/Neue Poststraße, das sogenannte Herbst'sche Haus, in dem sich jetzt das Heimatmuseum befindet.

Seit 1764 ist ungeklärt, ob der Baumeister von Werkenthin bestochen wurde, absichtlich falsch Maß zu nehmen, oder ob er beim Aufmessen betrunken war. Für erstere Version spricht, daß der Kämmerer sofort bereit war, für „ein Billiges" das Holz zu kaufen. Nach dem noch nicht überstandenen Brandschaden von 1758 mußte jeder Geschädigte zusehen, wie er möglichst preiswert an Bauholz kam, um sein zerstörtes Haus wieder aufzubauen.

Der Glockenguß dauerte bis ins Jahr 1765, so daß am 1. November 1765 der Bau vollendet war und der Knopf wieder auf den Turm gesetzt wurde.

Wutike - Blumenthal - Demerthin

# Der große Stein von Wutike

Auf der Feldmark von Wutike, dicht an der Grenze zu Rosenwinkel, liegt mitten im Wald, am Flüßchen Jäglitz, ein gewaltiger Findling. Er hat eine Höhe von etwa zwei Meter und mißt in Länge und Breite gut drei Meter. Dabei ragt dieser Koloß nur zu einem Viertel aus dem Erdboden heraus.

Wie nun dieser Stein an seinen Platz gekommen ist, erzählt eine alte Sage:

Einst wohnten in der Prignitz zwei Riesen. Der eine hauste in der Nähe von Demerthin, der andere bei Blumenthal. Sie hatten dauernd Zank und Streit miteinander und beschimpften sich mit lautem Gebrüll. Doch einmal wurden sie auch handgreiflich, und der Demerthiner Hüne wurde so wütend, daß er einen ungeheuren Stein ergriff und ihn auf seinen Gegner schleuderte. Aber er hatte sich zu viel zugemutet. Weit vor Blumenthal schlug das Geschoß in den Boden, wo es heute noch liegt.

# Der Blutstein von Wutike

Zu dem großen Stein, der auf der Feldmark von Wutike mitten im Wald am Flüßchen Jäglitz liegt, gibt es folgende Geschichte: Unter dem riesigen Findling soll eine verwunschene Prinzessin ruhen, die schon sehr lange auf ihre Befreiung wartet. Jeder harte Schlag auf den Felsblock bereitet ihr große Schmerzen und läßt sofort echte Blutstropfen herausquellen. Einmal wollte ein Bauer mit Hammer und Meißel ein Loch in den Stein schlagen. Als er nun mitten bei der Arbeit war, begann die angeschlagene Stelle blutig zu werden. Bestürzt ließ er sein Werkzeug fallen und rannte entsetzt davon. Seither hat es niemand mehr gewagt, den Stein zu verletzen. Das eingeschlagene Loch aber ist bis heute noch erhalten...

# Der Kobold von Zernitz

Früher gab es in unserem Land zahlreiche Begegnungen der Menschen mit Kobolden. Diese zwergenhaften, häßlichen Geister lebten in einem Berg oder sogar in den Behausungen der Menschen. Oft ärgerten diese Wesen die Menschen durch ihr neckisches Treiben, schütteten die Kornsäcke aus, warfen den Hausrat durcheinander oder polterten und spukten in der Nacht.

So eine Begegnung hatte auch ein Schäfer aus Zernitz, als er mit den Schafen von der Weide außerhalb des Dorfes zurück in den Stall wollte. Als er gerade in der Nähe eines alten knorrigen Weidenbaumes war, flog plötzlich ein greller Feuerschweif an ihm vorbei in den hohlen Baumstamm.

Der Schäfer erschrak, denn er hatte in das grinsende Gesicht eines Kobolds gesehen und rannte, so schnell ihn seine Pantinen tragen konnten, und machte um diesen Baum einen großen Bogen. Die Schafe konnten ihm kaum folgen.

Als er nun verspätet nach Hause kam, wartete schon seine Frau voller Sorge auf ihn. „Der Kobold war mir auf den Fersen!" erklärte er zitternd und hat diesen unheimlichen Ort sein Leben lang nicht mehr betreten...

# Der Spuk am Burgwall bei Zernitz

Etwa zwei Kilometer von Zernitz entfernt liegt der sogenannte Burgwall. Nichts Besonderes weist darauf hin, daß hier einmal eine Burg gestanden haben könnte. Am Burgwall geht es aber nicht mit rechten Dingen zu. So haben die Leute beobachtet, wie dort eigenartige Lichter des Nachts aufblitzten. Auch erzählt man sich in Zernitz, wer in der Geisterstunde um den Wall läuft, erleidet Schaden oder bricht tot zusammen, wenn er es dreimal hintereinander tut.

Es ist auch unmöglich, vom Burgwall Holz nach Hause zu tragen. Geisterhafte Gestalten sollen einem dann den Weg versperren. Ein alter Mann, der zu nächtlicher Stunde noch Reisig vom Burgwall holen wollte, wurde von einer weißen Gestalt mit einem Degen am Weitergehen gehindert und konnte erst nach Hause, als die Gestalt verschwunden war. Sein Reisig aber war ebenfalls verschwunden.

Zernitz - Breddin - Holzhausen

# Der große Krieg kommt in die Dörfer

Es kam jener Tag im Februar 1626. In Deutschland tobte der große Krieg. Durch die Heide, die gleich hinter Havelberg begann und sich bis Breddin hinzog, ritt ein Trupp Bewaffneter, Fußvolk und Troß folgten. An Obermühle zogen sie vorüber, das sah ihnen zu ärmlich aus, bestand nur aus drei Häusern. Doch als sie links vom Wege Breddin sahen, da bogen die Reiter ab, das Fußvolk aber zog weiter, und das kam noch schneller nach Zernitz als sie selbst. Und als die Söldner nun kamen, da war ein Teil der Bewohner in den Busch gezogen. Da aber den Leuten im allgemeinen ihr Leben weniger lieb ist als ihre Habe, hatten die Zernitzer, die keine Ausnahme von dieser Regel machten, ihr Hab und Gut mitgenommen. Wohl drängten Ängstliche zur Eile, aber größer als die Angst war noch der Gedanke, etwas einbüßen zu müssen. Da fand man hier noch ein Bettstück, da sah man dort noch einen Stuhl, der zwar nur noch drei Beine hatte, „der aber sonst noch sehr schön war und den man noch gut gebrauchen konnte", da hatte man noch ein Huhn zu jagen, das durchaus andere Wege gehen wollte als die Bäuerin; genug, es hielt schwer, die Kolonne in Gang zu bringen, was ohnehin schon nicht leicht war. Und weil man den Soldaten nichts lassen wollte, mußte man ihnen alles lassen.

Denn als die Mansfeldschen jetzt einzogen und sahen, daß das Dorf zum größten Teil geräumt war, daß die Bauern ihnen eine Arbeit abgenommen hatten, die sie gern selbst besorgt hätten, packte sie die Wut. „Holz ist noch da, Kameraden!" rief einer der Korporale. „Zu frieren brauchen wir nicht." Seine Soldaten verstanden ihn, und als sie das, was noch des Mitnehmens wert war, an sich genommen hatten, da machten sie ein Feuer, das selbst für den Februar zu kräftig war. Wer bis dahin noch im Dorf geblieben war und wen die erboste Mordbrennerbande noch nicht zunichte geschlagen hatte, der suchte sich jetzt noch eilends zu retten. Vielfach waren es alte Leute, deren Füße sie nicht mehr tragen wollten, und die jetzt vollends wie gelähmt waren. Der Anblick war auch schauerlich. Aus allen Häusern und Ställen schlugen die Flammen zum Himmel empor. Das wenige Vieh, das zurückgeblieben war, schrie und brüllte wie unklug, und die Menschen, die aus den Verstecken hervorkamen, standen fassungslos, jammerten oder brachen vor Schreck zusammen.

# Frau Godes Jagdzug

In der ganzen Prignitz erzählt man, es sei einmal eine Edelfrau gewesen, die habe „Frau Gode" geheißen. Die sei aber gar böse mit ihren Mägden umgegangen. So ist sie von einer Magd verwünscht worden und muß nun ewig durch die Luft jagen, besonders in den „Zwölften", den zwölf Nächten nach Weihnachten, hat man sie oft wahrgenommen.

Und da hat auch einmal eine Frau sie am Silvesterabend gehört. Die ging noch spät aus dem Hause, der Mond schien gerade recht hell, da hörte sie auf einmal ein Lärmen und Gebrause, als wenn eine ganze Jagd daherkäme. Das kam immer näher und näher, so daß sie zuletzt sogar die Schellen der kleinen Hunde in dem Getöse unterscheiden konnte. Sie konnte jedoch von alledem nichts sehen, obwohl es in dieser Nacht fast so hell wie am Tage war.

Aber auch sonst läßt Frau Gode von sich hören. So ist sie einmal einem Bauern begegnet. Wie er in der abendlichen Stunde das Hundekläffen hörte, stieg er von seinem Wagen und stellte sich zu den Pferden, die ganz scheu wurden. So ließ er den Zug an sich vorüberrauschen. Aber kaum war der an ihm vorbei, da schlug er mit seiner Peitsche nach einem von den kleinen Hunden. Er hätte das nicht tun sollen, denn schon am folgenden Tag hatte er einen dicken Kopf, als ob ihn der Schlag selber getroffen habe. Ganze vierzehn Tage hat der Bauer krank gelegen, ehe er langsam wieder gesund wurde.

Auf ihrer wilden Fahrt soll der Frau Gode einmal die Deichsel an ihrem Wagen gebrochen sein. Da bat sie einen Knecht, den sie gerade auf der Erde traf, er möge ihr doch eine neue bauen. Diesen Wunsch erfüllte ihr der hilfsbereite Mann in kurzer Zeit. Als er mit seiner Arbeit fertig war, erhielt er die Hobelspäne zur Belohnung. Das aber war dem freundlichen Helfer dann doch nicht genug. Verärgert über den vermeintlichen Undank warf er die Späne kurzerhand in das Feuer. Wer beschreibt aber sein Erstaunen, als er am anderen Tage neben seinem Feuerherd Goldstücke fand. Das waren genau die Späne, die nicht verbrannt waren. Rasch suchte er weiter in der Asche, doch er fand keine weiteren Goldstücke mehr.

Der Mann ärgerte sich nun darüber, daß er die Gabe der Frau Gode so gering geachtet hatte...

# Geheimnisvoller Jahreswechsel

Die Zeit zwischen dem 25. Dezember und dem 6. Januar spielte im Brauchtum früherer Zeiten eine wichtige Rolle. Gemeint sind die sogenannten Zwölften. Man begann mit der Nacht zum 25. Dezember und zählte bis zu der vom 5. zum 6. Januar. Das war die freie Zeit unserer Vorfahren, sozusagen ihr Jahresurlaub. Sie unterließen in diesen Tagen alle nicht unbedingt nötigen Arbeiten, vor allem das Spinnen und Wäschewaschen. Keiner durfte sich unterstehen, Dung oder Jauche auf die Felder zu fahren. Die schwer arbeitenden Leute freuten sich auf diese Zeit. Es war eine willkommene Ruhepause vor der danach folgenden Frühjahrsarbeit. In unserer Gegend spielten die Erinnerung und der Glaube an Frau Harke, auch Mutter Godsch genannt, eine bedeutende Rolle. Man sagte, die gehe in den Zwölften um und verteile eine Menge irdischer Güter, vor allem aber Fruchtbarkeit. Noch heute kann man von manchen Wetterpropheten hören, daß in den Zwölften das Wetter für das ganze Jahr bestimmt wird. Der 25. sei maßgebend für den Januar, der 26. für den Februar usw. Eine plattdeutsche Bauernregel lautet: Wenn in de Twölften de Stiern (Sterne) full un hoch an `n Häben (Himmel) stoahn, gewt dat völ Manneln in Aust (Kornmandeln in der Ernte). Un wenn sick in de Twölften de Böm bücken, is met völ Owt to riüen, d.h. wenn es stürmt und schneit, daß sich die Bäume biegen, gibt es eine gute Obsternte. Vor allem aber mußten in den Zwölften die Schulden bezahlt werden. Auf gar keinen Fall durfte man in diesen Tagen neue machen. Wer das tat, kam das ganze Jahr nicht mehr aus dem Manko heraus. Wer wissen wollte, was die Zukunft bringt, mußte gut auf seine Träume an der Wende des Jahres achten. Wem das gleichgültig war, der mußte eben für einen besonders festen Schlaf sorgen, dann blieb der Traum aus, und man lebte sorgloser. Wer in den Zwölften stirbt, der zieht, so fürchtete man, zwölf Angehörige oder Nachbarn mit ins Grab. Und zu dieser Zeit geborene Kinder sollten mehr sehen, das „zweite Gesicht" haben. Die konnten „Spökenkieker", also Hellseher werden. Das meiste davon ist schon lange Vergangenheit. Aber wer zu Silvester Blei gießt oder mit Feuerwerkskörpern ein geräuschvolles Spektakel vollführt, möchte schließlich auch für sich und das neue Jahr etwas Gutes bewirken.

Sagen und Geschichten aus dem Altkreis Kyritz

# Der Altkreis Kyritz

Die Prignitz wurde durch Albrecht den Bären 1147 erobert und hat bereits seit 1349 ihren Namen als Landschaft.

Die Grafschaft Ruppin entstand im 13./14. Jahrhundert. Das Geschlecht derer von Arnstein und die Grafen von Lindow besaßen die Herrschaftsrechte.

1524 fiel die Grafschaft wieder an Brandenburg.

Bis zur ersten großen Verwaltungsreform 1815 gab es sieben Kreise in der Prignitz:

den Perlebergischen Kreis,
den Lenzenschen,
den Wittstockschen,
den Pritzwalkschen,
den Kyritzschen,
den Havelbergischen
und den Plattenburgischen Kreis.
Danach wurde die einheitliche Prignitz aufgeteilt in die Ost- und die Westprignitz.
1952 entstand aus Teilen der Ostprignitz und des Kreises Ruppin der Kreis Kyritz im Bezirk Potsdam.

1992 wurde aus den beiden Kreisen Kyritz und Neuruppin der neue Kreis Ostprignitz - Ruppin gebildet Kreisstadt wurde Neuruppin.

Sagen und Geschichten aus dem Altkreis Kyritz

# Bücher von Eugen Gliege

**Gar lustig ist die Jägerei**
ISBN 3-00-007587-9
10, 23 €

**Für den Gartenfreund**
ISBN 3-937431-10-1
12, 00 €

**Aus meiner Jagdtasche**
ISBN 978-3-937431-36-9
12, 00 €

**Pferdegeschichten**
ISBN 3-937431-26-8
12, 00 €

**Danke, Herr Doktor!  Danke, Frau Doktor!**
ISBN 978-3-00-022524-6
12, 00 €

Bestellungen an:
Eugen und Constanze Gliege    Pressezeichner GbR.
Erdlaake 7    14712 Rathenow-Semlin  Telefon: 03385-496222  Fax: 03385-496224
e-mail: info@eugengliege.de    www.eugengliege.de

Sagen und Geschichten aus dem Altkreis Kyritz

# Bücher von Eugen Gliege

Heimatsagen
aus dem Havelland
ISBN 978-3-00-021544-5
12, 00 €

Sagen und Geschichten
aus dem Altkreis Kyritz
ISBN 978-3-00-023842-0
12, 00 €

Alte Sagen und Geschichten
aus dem Havelland
ISBN 978-3-00-022220-7
12, 00 €

Sagenhafter Hoher Fläming
ISBN 978-3-00-020874-4
12, 00 €

Sagen und Geschichten
aus der Altmark
ISBN 989-3-00-019553-X
12, 00 €

Geschichten aus dem Fläming
und der Zauche
ISBN 3-00-016195-3
11, 00 €